企業内法務の交渉術

北島敬之 著
Kitajima Takayuki

中央経済社

はじめに

交渉の場面は，常にある……

　1991年5月12日。午後の長めの披露宴を終えて，ほっとした私は，披露宴会場にかかってきた一本の電話に凍りつきました。

　―披露宴後の二次会としてご予約頂いている店の者ですが，まだ，どなたもお見えになっていないようですが―

　披露宴の二次会の会場として仮予約していたレストランからでした。どうやら，幾つかの候補から最終的に絞ったあとに，正式にキャンセルするのを忘れてしまったようです。いや，キャンセルしたかもしれない，という曖昧な記憶はあるのですが，エビデンスがあるわけではありません。

　とにかく，こちらとしたらキャンセルしたと思うのだが，今日はこういう日（私の結婚，披露宴があり，この後，友人たちが待つ二次会会場へ向かわなければならない）なので，明日，あらためて話をしに行く，とどうにか冷静を保ちながら電話を切りました。

　翌朝，件のお店にいきました。直前まで，何をどう言うか全くアイディアはありませんでしたが，とにかく，キャンセルしたというエビデンスがない以上，レストランに生じた「損害」の負担は止むを得ない，後は，いくらまで妥協してもらえるかだ，と思っていました。

　お店に到着し，責任者を呼び出してもらいました。その責任者に，私はやや早口ではありましたが，丁寧な口調で話を始めました。

「キャンセルしたかどうかは，こちらはきちんと連絡したつもりであったが，いつ，どなたとお話したのか記憶も記録もありません」

今であれば，携帯のメールでも残っていれば話がしやすいでしょうが，当時はそんなものはありません。ここまできて，私は，ふと思いついたことがあり，腹を決めて次のように話しました。

「キャンセルしたかどうかは，水掛け論になるから，そのことで話をしても意味がないでしょう。むしろ，きちんとキャンセルの確認をとらなかった私たちにも問題があったと思います。

しかし，（ここで一呼吸おきます）そもそも，結婚式の二次会というものは，ただ単に人が集まって，呑み食いするだけではなく，何か企画があったり，全体の進行について幹事と事前に打ち合わせたり，ということがあるのが普通だと思いますが，そうした事実はあったでしょうか？あるいは，日程が近づいてくれば，最終人数の確認等何らかの連絡を頂くことになると思うが，そうした連絡は受けていません。仮予約を入れたのはずいぶん前であり，仮予約の段階であげた人数より大幅に増えた場合，お店としてはどうするつもりだったのでしょう，という素朴な疑問があります。

しかし，キャンセルの確認をきちんとしなかったこちらに非があるのですから，お店で被った損害は賠償させて頂きます。損害額とそれを立証するエビデンス（証拠）を頂けますか？」

特に深い意図はなく，思いつく限りの話をしました。唯一頭にあったのは，損害賠償にあたっては，損害額の確定と損害と私の「キャンセル」との間に「相当因果関係」が必要だろう，ということぐらいでした。

お店の責任者は，やや面倒臭そうな顔をして，じゃあ，いいです，と素っ気ない返事をしました。つまり，何も賠償する必要がない，と言っ

ているのです。これには驚きました。どうもありがとうございます，と言い置いてそそくさとその店から離れました。

　これが，私にとって，もうダメか，と思っていた状況から，交渉によって何かを「勝ち得た」初めての経験となりました。

　いまにして思うと，この「交渉」には，いくつかのポイントがあります。

> ① 腰の低い態度で臨んだ（「上から目線」でものを言わない）
> ② 相手に非があるはずだ，と決めつけない
> ③ 通常であれば，どのように物事が進行するのかを確認しようとした
> ④ 今回は，通常に比べて何が違うのかを指摘し，相手とその内容を共有した
> ⑤ 損害を払わない，とは一度も言っていない
> ⑥ キャンセルと損害の因果関係の存在と損害額の妥当性についてのエビデンスの提出を丁寧な態度で求めた

　おそらく，お店側としては，いわゆる「損害」は発生していない（「食べ放題」等の企画に切り替えた――推測ですが），またはそれほどの額ではない，あるいは，わざわざエビデンスを揃えて請求するほど，手間や時間をかけたくないという意識があったのかもしれませんし，そもそも何かを請求できると思っていなかったのかもしれません。

　交渉とは何かを考えるきっかけとなった最初の出来事でした。

　交渉というと，何やら難しいロジックを用いて相手を言い負かすようなイメージがあります。また，交渉するからには，強い姿勢で臨まなければならず，交渉を有利に運ぶことができるようになるためには，相当な修羅場をくぐらないといけないものだという思いがあるかもしれません。

しかし，実は，ビジネスの現場における交渉は誰にでもできるのです。

本書は「ビジネスにおける交渉は，特殊な訓練や経験を積まなくても，十分な準備と若干のトレーニング，それと好奇心と愛嬌があれば，誰にでもできる」ということを理解して頂き，交渉を効率良く進めていくヒントをまとめたものです。私がこれまで企業内法務の現場で経験したり学んだりしたことをもとにしています。かくいう私自身，決して，いまだに交渉上手だとは思っていません。思う通りにいかなかったりすることもあります。また，交渉相手や，一緒に同席した営業部員やマーケティングの若手担当者の話振りに「うまいこと説明するなぁ」と感心してしまうこともよくあります。

本書では，交渉というものを面白く，楽しく行うためのちょっとしたアイディアやヒントを書き連ねてみました。皆さまの置かれている状況に応じて，うまく交渉を切り抜けていくための参考となり，「交渉は楽しいものだ」と思って頂ければ幸いです。

本書の読者としては，企業内法務の若手，中堅担当者，企業内弁護士の方々を想定していますが，企業法務に興味のある弁護士や司法書士の方々，突然法務部への辞令をもらい途方にくれている方々，社内に法務部がなくて自ら法務的な交渉をしなければならない方々，法科大学院や法学部で勉強されている学生諸君，あるいは町内会をまとめられず忸怩たる思いを抱いている方が，気軽に，かつ，一気に読めるよう書いたつもりです。また興味や関心のあるところを拾い読みしても構いません。通勤・通学の合間やちょっと時間のあるときに目を通して頂ければと思います。

2016年12月

北島　敬之

目　次

はじめに　*i*

Part1　心構え編

第1章　交渉における10の心構え　*2*

1　交渉の目的をはっきり見極めよう　*2*
　(1)　ビジネスにおける「交渉」は「戦争」ではなく「陣取り合戦」　*2*
　(2)　「交渉」は，相手と合意するためのプロセス　*3*
　(3)　「交渉」には，「決断」が伴う　*4*
　(4)　交渉を任されたら　*5*
　(5)　「ベストを尽くす」は落とし穴　*6*
　(6)　「期待に応える」ことは大切か？　*7*

2　交渉の立ち位置を理解しよう　*8*
　(1)　誰のために交渉するのか，交渉相手は誰か？　*9*
　(2)　どういう状況で交渉するのか　*9*
　(3)　自らの権限を明確にする　*11*
　(4)　交渉場所を確認する　*12*
　(5)　相手側の交渉メンバーを確認する　*14*

3　交渉は準備が第一　*14*
　(1)　裁量と意思決定　*14*
　(2)　シナリオ　*15*
　(3)　役割分担，チームワーク　*21*
　(4)　ゴール，落としどころの設定，確認　*22*
　(5)　交渉に使える小道具の準備　*23*

4　交渉のタイムマネジメントを忘れずに ……………………………………… 24
5　交渉はチームワークで取り組む ………………………………………… 27
　(1)　キックオフ・ミーティング　27
　(2)　ワークショップを活用したシミュレーション　29
　(3)　強みを活かす　31
6　交渉の場に法務部門は同席すべきか ………………………………… 32
　(1)　同席することに意味がある　32
　(2)　ケース・バイ・ケースでの対応も必要　35
　(3)　交渉の経緯，自らの役割を理解しよう　36
　(4)　必ず法務部門が同席しなければならないケースは
　　　あるのか？　37
7　交渉の場に弁護士を同席させるべきか …………………………………… 37
　(1)　Legal Feeにご注意　37
　(2)　どんな場面で同席してもらうか　38
　(3)　自社側の弁護士を同席させる場合　40
　(4)　相手方が，交渉の場に弁護士を同席させたい，
　　　と言ってきた場合　41
　(5)　相手側に弁護士を紹介する　42
8　交渉の記録と録音 ……………………………………………………………… 43
　(1)　交渉記録の意義　43
　(2)　録音の活用　47
9　議事録の活用 …………………………………………………………………… 48
　(1)　交渉記録から議事録へ　48
　(2)　議事録は社内資料　49
　(3)　交渉の議事録は誰が作成し保管するのか　50
10　尊敬と敬意——交渉相手に対して …………………………………………… 51

第2章　交渉とコンプライアンス …………………………………………… 54

1　秘密保持 ………………………………………………………………………… 54

2　独占禁止法 *56*
3　贈収賄の禁止（Anti-Bribery） *57*
4　知的財産権の保護と相手方の知的財産権の尊重 *57*
5　安全に交渉を進めるために *58*
　(1)　アジェンダの確認　*58*
　(2)　問題のある表現を避ける　*58*
　(3)　必要なエビデンスを残す　*58*
　(4)　教育，トレーニングを行う　*59*

Part2　実践編

第3章　ビジネスにおける交渉の基本 *62*

1　実践的な交渉の基本 *62*
2　交渉のパターン *63*
3　何が最善の状態であるかを明確にする *64*
　(1)　交渉の目的・成果・条件・シナリオ　*64*
　(2)　交渉のシミュレーション　*66*
　(3)　まとめ　*68*
4　契約締結に至るまでの交渉 *69*
　(1)　契約条件　*69*
　(2)　契約のドラフト作成　*71*
　(3)　ドラフトを提出する場合の注意点　*75*
　(4)　実際の契約交渉の進め方　*75*
　(5)　合意から締結へ　*82*

Column　秘密保持契約と意向書（Letter of Intent）
　　　　　についての交渉　*83*

第4章 契約不履行時における交渉 ……… 84

1 相手側が契約不履行の場合の交渉 ……… 84
(1) 事実・経緯の把握　*84*
(2) 自社による義務の未履行が原因である場合　*85*
(3) 相手側の事情による契約不履行の場合　*87*
(4) 交渉の進め方　*88*

2 自社が契約不履行の場合の交渉 ……… 89
(1) どんな立場を取るべきか精査の上,見極める　*90*
(2) 自社が契約不履行の場合の交渉の注意点　*92*

3 不可抗力事由が理由の場合の契約不履行における交渉 ……… 93

4 契約を終了する場合の交渉 ……… 94
(1) 契約終了のパターンと留意点　*94*
(2) 契約終了を望む背景　*95*
(3) 自社から契約を更新しない,または中途解約を行う際の注意点　*97*
(4) 相手側から,契約の不更新,中途解約の通知があった場合の対応　*101*
(5) 条件交渉の方法としての終了通知　*101*

Column 契約書がない場合の交渉　*103*

第5章 債権保全・回収における交渉 ……… 106

1 債務者の協力が交渉のポイント ……… 106
2 平常時における回収交渉 ……… 107
3 信用不安情報の真偽を確かめる交渉 ……… 109
4 交渉のツールとして「情に訴える」 ……… 112
5 支払猶予要請への対応 ……… 113
6 私的整理(任意整理)への対応 ……… 116

第6章　企業買収，ジョイント・ベンチャーにおける交渉 …… 116

- 1 　異なる企業文化の融合 …… 116
- 2 　企業買収等における交渉のスタンス …… 118
- 3 　企業買収等のステップ …… 118
  - (1) 　トップマネジメント同士の初期合意　*119*
  - (2) 　限定メンバーによる事業実現可能性に関する調査（フィジビリティ・スタディ）　*119*
  - (3) 　限定メンバーによる買収監査（デュー・ディリジェンス）　*120*
  - (4) 　関連契約の締結，公正取引委員会のクリアランス，必要な許認可の新規取得，変更　*121*
  - (5) 　統合後作業（ポスト・マージャー・インテグレーション）　*122*
- 4 　ジョイント・ベンチャーにおける意思決定 …… 123
- 5 　経営責任と資金調達 …… 125
- 6 　明確な撤退ルール（Exit Rule） …… 125
- 7 　撤退時の交渉 …… 126
- 8 　「戦略的提携」の場合 …… 127

第7章　紛争解決に関する交渉 …… 128

- 1 　目的は「解決」 …… 128
- 2 　「謝罪」は0円？ …… 129
- 3 　取引の継続について会社のスタンスを確認する …… 130
- 4 　紛争の原因を探る …… 131
- 5 　解決の糸口 …… 132
  - (1) 　冷静な態度　*133*
  - (2) 　契約違反の有無　*133*
  - (3) 　エスカレーション（escallation）　*133*
  - (4) 　法的手続の提案　*135*

(5)　弁護士の起用　*136*
　　(6)　和解交渉のポイント　*136*

第8章　国際取引における交渉 …………………… *140*

1　国際取引とは何か …………………………………………… *140*
　(1)　国境をまたぐ取引　*140*
　(2)　法体系，商習慣，文化の違い　*141*
　(3)　言語の違い　*141*
　(4)　権利・義務に対する感覚の違い　*142*

2　日本の常識は世界の非常識？ …………………………… *143*

3　国際取引契約における契約書の重要性 ………………… *143*
　(1)　Contract is Contract　*144*
　(2)　権利の存在，義務の限界を示すエビデンス　*144*
　(3)　できる限りの事態を想定　*144*
　(4)　曖昧な表現や記載を嫌う　*145*
　(5)　「まあ，いいや」は危険　*146*
　(6)　準拠法，紛争解決条項の定めが必須　*146*

4　英語と国際取引における交渉 …………………………… *148*
　(1)　必要とされる英語のレベル　*148*
　(2)　契約書を日本語に訳す意味　*151*
　(3)　国際取引に関する契約はすべて英語で作成すべきか　*153*
　(4)　国際取引契約における交渉のポイント　*153*

第9章　不祥事対応における交渉（コミュニケーション） …………………… *159*

1　不祥事における調査 ……………………………………… *159*
2　関係者への聞き取り ……………………………………… *160*
　(1)　聞き取りにおける基本的な留意事項　*161*
　(2)　通報者への対応　*163*

(3)　情報提供者への対応　*164*

　(4)　被害者への対応　*165*

　(5)　被疑者への対応　*166*

　(6)　録音・録画の必要性　*167*

第10章　弁護士との交渉　　　*168*

1　相手をよく知る　　　*168*
2　顧問契約についての交渉　　　*169*
3　起用時における弁護士（事務所）との交渉　　　*171*
　(1)　案件依頼時のブリーフィング（説明）　*172*

　(2)　複数の事務所に同時にブリーフィング　*173*

4　弁護士費用に関する交渉　　　*174*
　(1)　弁護士費用の見積り　*175*

　(2)　フィー・アレンジメント（Fee Arrangement）　*176*

　(3)　弁護士費用の減額　*177*

- 交渉力をあげるためには　*179*
- 交渉を快適に行うための小道具　*184*

あとがき　*190*

Part 1

心構え編

第1章／交渉における10の心構え
第2章／交渉とコンプライアンス

第1章 交渉における10の心構え

　交渉を効率よく，円滑に行うためには，いくつか心構え，もしくは念頭に置いたほうがよいことがあります。

1　交渉の目的をはっきり見極めよう

　相手を完膚なきまでに言い負かすことが「交渉」の目的ではありません。しかし，目的意識をはっきりと持ち，何がゴールなのか明確なイメージを持つことが必要です。たとえば，受け入れられる価格条件の上限，下限をはっきりさせ，かつ，その他の条件との組合せで，この条件が通れば，こっちの条件は引っ込めてもよい，という大まかな枠組みを立てておくことが大切です。

(1)　ビジネスにおける「交渉」は「戦争」ではなく「陣取り合戦」

　ビジネスは一人ではできません。必ず相手がいるから，ビジネスが成り立つのです。したがって，交渉は相手を叩き潰すものであってはならないのです。

　戦争であれば，相手が降伏するまで，徹底的に攻撃をしかけますが，ビジネスは戦争ではなく，最後には，ちゃんと仲直りができる「喧嘩」のようなものです。よく，仲がよいほど喧嘩する，と言うでしょう。

　ビジネスにおける交渉は，相手との「喧嘩」のために行われますが，必ず，仲直りのための余地，つまり，お互いに納得のできる「落としど

ころ」をどこかに残しておくことが肝要です。

　また，交渉には陣取り合戦の意味合いもあります。陣取り合戦ですから，取ったり取られたりが生じますが，最終的にこちらが欲しい条件が取れればよいのです。相手方に何も残らないような交渉をすることは，そもそも無理があります。時間だけがかかってしまい，感情的にも，しこりが残ります。

　ビジネスは，継続して行うものですし，相手もそれなりに利する部分があるような関係が大切です。ある程度長い目で見て，どれだけの「陣地」をどのような順番で取るべきか，あるいは，相手に与えるべきかを考える必要があります。これは，結局は，何をゴールとして交渉するのか，ということにつながります。

(2) 「交渉」は，相手と合意するためのプロセス

　ビジネスを立ち上げ，継続していくためには，交渉は避けられません。交渉を嫌って，相手の言うなりのままでは，そもそもビジネスの目的を達成することができなくなります。

　一方で，全く相手の言い分を認めず，一方的にこちらにとって有利な条件ばかりを押し付けて歩み寄りの余地を全く示さない態度では，そもそも相手は合意しないかもしれません。取引すらしないかもしれません。

　この世の中，一方当事者だけが絶対的に勝つようなビジネスの進め方は，短期的にはよいかもしれませんが，相互に利益のある，いわゆるWin-Winの関係にならないと，持続的なビジネスの成長は見込めない時代になってきています。

　あまりにも一方的な条件ばかりを押し付けられ，交渉の余地がない場合には，そもそもビジネスの相手方として果たしてどうなのか，と疑問に思い，振り出しに戻って考えることも必要でしょう。ビジネスとは，信頼をベースにした合意によって形成されていくのであり，交渉は当事

者間の主張を出し合うことで，お互いに合意できる着地点を見出すためのプロセスと考えましょう。

(3) 「交渉」には，「決断」が伴う

　交渉は，どこかでお互いに合意することがゴールとなります。交渉に必要な「決断」とは，どこをゴールにするか，また，ゴールに到達できない場合，どこで交渉をやめるべきか，という場面で求められます。もちろん，この決断を最終的に承認するのは，上司であったり，会社の経営メンバーであったり，社長であったり，と様々です。

　しかし，実際に交渉を任されている者が，現場の判断として，どこをゴールにする，あるいはゴールに到達できないため交渉を打ち切る，という決断をしなければなりません。決断は，「えいや」でするものではなく，手に入るあらゆる情報や状況から，熟慮の上（ただし，ビジネスの現場は状況の変化に応じた機敏な判断が求められるので，あまり時間をかけることはできない），合理的な理由のもとになされる必要があります。

　「合理的」とは"reasonable"ということですが，字面を見て，たとえ屁理屈であっても一応のロジックが通っていればよい，と思うのは間違いです。裁判例等でよく見かける「合理的な理由」とは，誰が見ても，そうだろうと素直に思える理由を指します。その辺の通りを歩いている人に，「これは，こういう理由でこうなるよね」と説明すれば，ほとんどの人が「そりゃあ，そうでしょう」と言ってくれるような理由や理屈なのです。

　屁理屈と言われる物言いは，その場はやり過ごすことができても，後々破綻します。友達との喧嘩ではその場しのぎの理屈で相手を言い負かして，一時的に不仲となったとしても，それは友人間の話で済みますが，ビジネスにおける交渉はそうはいきません。

　一方で，すべての人が納得するような理由を見出すことは，実際には

非常に難しく，必ず異論反論があるものです。そうした異論反論を嫌がって，当たり障りのない理由で交渉の落としどころを決めてしまうことは，ややもすると「責任逃れ」と非難を受ける可能性があります。交渉を任された以上は，「決断」する責任を伴う仕事だと肝に銘じましょう。そんなことを言われると，交渉なんかやりたくない，と思うかもしれませんが，交渉によって納得のいく結論に物事を導くことは，実に爽快な気分になり，自分のなかで大きな自信となるものです。

(4) 交渉を任されたら

「岡目八目」と言いますか，人は，自分が当事者でないことについては簡単に状況を分析し，言いたいことを言います。特に，「そんな時は，もっとこういえば良かったのに」「そんな弱気じゃダメだ，もっと強気で押さなきゃ」「気合いや気迫が足りない」なんていう抽象的なコメントが大好きです。

交渉する身になってみれば，まとめなきゃいけない，成果を出さないといけない，期日までに完了しなきゃいけない等のプレッシャーを感じながら交渉を担当しているわけです。そうした状況を好む人は，そうはいないでしょう。

しかし，どういうわけか，交渉しにくい状況や相手で交渉すべし，という話が舞い込みます。できれば，他の人に代わってほしいと思うようなときに，なぜか「君が適任だから」「君しかいない」と指名されてしまうことがあります。

しかし，物は考えようです。交渉を任されたら，むしろチャンスだと思いましょう。ビジネスにおける交渉は，準備が必要であり，決断もしなければならず，想定外の事態にも臨機応変に対応し，しかも，所定の成果を収めなければなりません。これには，非常に大きな労力が必要です。しかし，交渉を通じて，確実に皆さんの仕事や人生の問題に取り組

む能力は上がります。つまり,成長するのです。

　困難なことを乗り越えると,なんとなく「一皮向けた」という感じがするでしょう。人は,つらいことや困難なことを乗り越えることで,成長します。交渉を繰り返し経験することは,十数時間の座学にも匹敵する,あるいはそれ以上の学びや気付きがあるのです。

　交渉を任されることは,自分が大きく成長できるチャンスが来た,と思いましょう。誰だって,「もっと仕事ができるようになりたい」,「成長したい」と思っているでしょう。交渉の現場に立ち会うだけでも,成長の度合いが違います。交渉を任されることは,天からの配剤と考え,喜んで引き受けることにしましょう。

(5) 「ベストを尽くす」は落とし穴

　交渉を行うのは大変なことです。私も,いろいろな場面で辛い思いをしたり,うまくいかなくて反省したりと,必ずしも良いことばかりではありません。

　物事を前向きに捉えて進むことが必要ですが,ここで注意しなければいけないのは,「ベストを尽くす」という気の持ちようです。英語では,"do my best" または, "make the best effort" と言います。国際取引における契約でも「best effort clause」という条項があります。あるいは,「努力義務」といった言葉を聞いたことがあるでしょう。

　これらは,「最善を尽くすべく努力する」という前向きな表現に捉えられがちです。しかし,この言葉には,具体的なコミットメントがありません。具体的に,どう努力するのか対象が明確でなければ,単なるかけ声に終わってしまいます。交渉は戦いではない,と先に述べましたが,それでも一定の成果を出さなければいけない仕事です。「最善を尽くしたのだから」と交渉において出せるものを出し切った後に振り返るのはよいですが,交渉を始める前や交渉のさなかに「ベストを尽くせばいい

んだから」と思うことは，交渉における決断の内容やタイミングを誤りかねない危険をはらんでいます。つまり，「努力すればいいんでしょ？」「頑張ってやっていることを評価してほしい」という考えでは，狙った目標のはるか手前で妥協してしまう恐れがあるのです。

「ベストを尽くす」は，とても前向きなようでいて，実は，どこかに逃げ道を探すようなところがあると感じます。

"The Rock"という映画をご存知でしょうか？ ショーン・コネリーとニコラス・ケイジという私の好きな俳優が登場する映画です。詳しいストーリーは省きますが，二人が二手に別れてそれぞれ危機から脱出を図ります。武器を手にしたニコラス・ケイジが「ベストを尽くす」と言います。それに対して，ショーン・コネリーが眉をひそめてこう言い放ちます。「『ベストを尽くす』なんて言うのは，負け犬のセリフだ！」

ショーン・コネリーのような名優に言われると，心にズシンと響きます。

では，どうしたらいいのでしょうか？「ベストを尽くす」という思いそのものは悪くありません。要は，何について，どう具体的にベストを尽くすのかを明確にすることです。契約でも，具体的に何をどう努力するのか，手続やステップまで具体的に規定することで，単なる努力目標から，きちんとした義務として位置付けることができるのです。

(6)「期待に応える」ことは大切か？

交渉を任せる側には，何がしかの期待があります。上手くまとめてほしい，いい条件を引き出してほしい，相手の機嫌を損ねないでほしい，売上や利益の拡大につなげてほしい，失敗して会社の体面を傷つけないでほしい等，様々な期待を寄せられることでしょう。

こうした「期待」に応えるよう頑張る気持ちは，とても大切ですが，本来の交渉の目的を忘れないようにしましょう。交渉は，期待に応える

こと自体が目的ではなく，そもそもビジネス上の目的を達成する，つまり，ビジネスの継続や成長のために相手と妥当な線で合意することが目的であることを常に念頭におきましょう。

　場合によっては「期待はずれ」のところで合意せざるを得ないかもしれません。その時の状況はそのポイントで合意することが，ビジネス上は最もよい，と判断できる場合はよくあります。もちろん，そうした判断の理由について，きちんと合理的な説明ができることが必要です。「期待に応える」ことを重視するあまり，「引くべきときは引き，押すべきときは押す」タイミングを誤るほうが，後々問題になることがあります。常に，交渉の目的は何かを確認することが必要です。

　余談ですが，体操の内村航平選手は，オリンピック代表に選出されたときのインタビューで，「五輪はどんどん期待してもらっていい。期待を倍にして返します」と答えていました（2012年5月6日付日本経済新聞）。さすが，トップアスリートは，目線の置き方がはるかに上を向いています。私なら，期待に沿えるよう頑張ります，と控えめに言うところですが，内村選手はそうではありません。そして，彼は見事にメダルを獲ります。我々は，オリンピック選手のようにはいきませんが，気持ちだけでも，期待に沿うだけでなく，期待を超えることを目指したいものです。

2 交渉の立ち位置を理解しよう

　さて，あなたは交渉を行う立場となりました。シチュエーションによって，交渉の立ち位置，あるいは起点とすべき軸足が変わってきます。交渉の立ち位置を理解し，軸足をしっかりと決めることで，ブレずに交渉を進めることができます。

(1) 誰のために交渉するのか，交渉相手は誰か？

　交渉は，誰のためにするのかという当たり前のことを確認しましょう。上司や社内の他部門から依頼されたのか，それとも，そもそも自分のために交渉するのか等，状況によって，交渉の目的が変わってきます。

　会社の命運をかけて依頼される場面もあるでしょうし，ビジネス上の条件交渉，あるいは言いがかりのようなクレームをどうにかして欲しい，という営業部からの依頼もあるでしょう。交渉相手は社外とは限りません。他部門との交渉もあるでしょう。また，そもそも，自らの進退をかけての交渉をしなければならないかもしれません。どのような状況で交渉を行うのかを明確にしておくことは，交渉のやり方や進め方，準備の方法を決めるにあたって有益です。

　さらに，交渉の準備を進める上で必要なことの一つに，交渉相手は誰かをしっかりと認識することです。交渉相手は，いずれも人間であり，相手の氏名や肩書（肩書からどの程度の権限を持っているか推測することができます）はもちろんのこと，相手の置かれている状況，何が問題となっているのか，何を不安視しているのか，ということについて，できる限りの情報を集めておくことは，時間があればやっておきたいところです。相手が，業界で著名な人であったり，マスコミ等で発言するような発信力のある人であれば，その発言や著作物をチェックして，経歴についても把握しておくことがよいでしょう。この狭い世の中，どこでどうつながっているか分かりません。初対面の人でも，意外と知り合いの知り合いであることは，よくあることです。

(2) どういう状況で交渉するのか
① **時間的制約を押さえる**

　交渉するにあたっては，置かれている状況を十分に理解しておきましょう。特に，重要なポイントは，時間的制約と費用対効果のポイント

です。

　時間的制約とは，交渉時期が限られている，あるいは一定の期日までに交渉をまとめて合意しなければならない，ということです。ビジネスの現場において，ダラダラしていい交渉などありませんが，相手のあることなので，どうしても時間がかかる可能性があります。その場合，最終的に合意しなければならない事項が複数ある場合に，どこに優先順位をおいて交渉していくかを考えなければなりません。

　また，十分な準備期間がないままに，とにかく交渉して，短期間で決着しなければならないような状況も，ビジネス上よくあることです。とても無茶な状況にあって，それでも交渉しなければならない。そういうときは，やはり交渉を依頼してきた当事者の意向を交渉に入る前に，しつこいくらい，十分に確認しておく必要があります。また，いわゆる「落としどころ」として，どこまでビジネス上の判断として許容されるのか，あるいはいくつかの選択肢（オプション）があるのであれば，それは何か，どのオプションに優先順位があるのか，さらに，交渉を任されている者がどこまで現場で判断させてもらえるのか，ということをしっかりと確認しておきましょう。時間的な制約がある，ということは，いちいち承認を得ながら進めていくのでは間に合わないということです。現場での「決定権」をいかに幅広く取り付けるかが，交渉を機動的に行う場合のポイントになります。

　いずれにせよ，時間的制約がゆえに，十分な準備をせず，軽率に意思決定してしまうことや，いわゆる見切り発車をしてしまうことは将来の紛争リスクが高くなるため，お薦めできません。ただし，不幸にして，そういう状況に陥ることが避けられない場合もあります。時間切れによる見切り発車をせざるを得ない場合には，それがビジネス上の交渉であれば，決裁者にそのリスクを十分に理解してもらい，可能な限りリスクを低減させる措置や方法もあわせて提案することが求められます。また，

「時間稼ぎ」も交渉においては，有効な手段ですが，時間的な制約がある場合には，本社や決裁者，上司，営業部の責任者等に対して「社内交渉」として使う場合があります（後述する「交渉のタイムマネジメントを忘れずに」（24頁）を参照して下さい）。

② 費用対効果を考える

さらに，費用対効果も十分に考慮する必要があります。ここでの費用とは，あくまでも交渉に際して必要な経費のことであり，交渉の対象となる金額（クレーム金額，損害賠償額等）ではありません。費用をかければ，交渉でよい結果が得られるとは限りません。少ない費用で効率的に交渉の準備をし，実際に交渉を進めることができれば，言うことはありません。たとえば，海外にいる相手との交渉において，こちらから出張しなければならないとしたら，当然，費用が発生します。高い費用をかけて行くのだから，何としてでも成果を上げなければならない，というのは，やる気を出すための一つの考えですが，準備が不十分な状況であったり，交渉の論点が整理されていない段階で，飛び出しても良い結果は得られず，結局，何度も訪問することになりかねません。

私が，新入社員の頃と比べて，今，格段にビジネスをサポートするITテクノロジーが進歩しています。電話会議，ビデオコンファレンス，あるいはメールでのやり取り等をうまく組み合わせることで，交渉の論点を整理したり，本当に face-to-face で議論しなければならないポイントをあぶり出すことができるようになりました。また，交渉の準備段階で弁護士事務所の関与または交渉の現場に弁護士を同席させるような場合は，当然，かなりの費用がかかります。

(3) 自らの権限を明確にする

「白紙委任」という言葉があります。全面的に権限を与えるときに使

われる言葉ですが，ビジネスの実際の現場では，そうした権限は社長やそれに等しいポジションにいる上位決定権者しか持っていません。

最終意思決定者の意向を忖度(そんたく)して，うまく結果を出すことができればよいですが，権限の範囲を越えて判断してしまっては，越権行為になり，それは，ビジネスに悪影響を与える恐れもあり，懲戒処分の対象となる場合があるので，注意しなければいけません。

そもそも交渉は与えられた権限の範囲で行うものです。権限の内容や範囲は，それぞれの会社におけるビジネスの内容や取引金額等をもとに定められ，統一的な基準があるわけではありません。そのため，まず，自社の誰が，どのような内容の権限を得ているかを確認しておきましょう。たいていは，文書で何らかのルールが規定されていることが多いと思います。

法務的な仕事をする以上は，自社のルールについて熟知しておくことが必要です。自社のルールを熟知しておけば，それと対比させながら，交渉相手がどの程度の権限を持っているか推測できます。相手の権限の範囲を知ることは，実は，交渉において，とても大切です。

(4) 交渉場所を確認する

サッカーでも野球でも，自軍の拠点で試合をするのか，相手側の拠点で試合をするのかは，重要なポイントです。ビジネスの交渉においても，どこで交渉するかは，交渉の準備やシナリオを考える上で無視できない要素となります。

自社の拠点で交渉ができれば常にうまくいくか，というと必ずしもそうではありません。交渉を有利に進めるために，自社に拠点で行うことは心理的にも，またその他いろいろなサポートが直ちに受けられるといった点で安心ではありましょう。

ただし，交渉の目的は相手を言い負かすことではなく，ビジネスを成

立させ，前進させ，それによってビジネスの成長をもたらす結果を見出し，相手と合意することです。皆さまが，相手側の拠点で交渉する場合，まさに敵地での戦いと考えるでしょう。おそらく，普段よりも注意深く（疑い深く）なり，そう簡単にイエスと言える気分にはならないでしょう。緊張の度合いもきつく，いつもなら簡単に下せる決定でも，なかなか踏み出せない，ということはないでしょうか。ビジネスにおける交渉は，一歩間違えれば会社の命運を左右しかねない結果になることも，しばしばです。そのプレッシャーから，どうしても自由な発想や相手側と腹を割った話ができなくなり，まとまるものもまとまりにくくなるのです。

　つまり，合意すべき相手側の心が頑なになるような雰囲気に追い込むことは得策ではない，ということです。自社の拠点で行う場合には，相手側にも相応のメリットやベネフィットがあるように仕組まないと，なかなか前に進まないことがあるのです。具体的には，相手側だけで話ができる専用の会議室を用意する，ランチやブレイク（休憩）のときは，別行動ができるようにする，などです。

　私は，以前，某国での融資契約の交渉において，交渉の場では喧々諤々やり合うのですが，食事の場には必ず先方のマネージャーが同席していました。日本側としては，食事の場は，あれこれ交渉の次の一手を相談したり，たわいもない話をするのが息抜きにもなるのですが，相手方が同席しているとなると，そうそうリラックスできません。そこで，マネージャー氏に，毎回ご一緒頂かなくてもよいですよ，と話したところ，泣きそうな顔で「社長から，食事の場には同席して面倒をみろ，と命令されている。頼むから同席させてくれ」とのことでした。では仕方がない，ということで，代わりに，相手方のオフィスの会議室で，日本側だけで過ごせる時間があるように，計らってもらったことがあります。

(5) 相手側の交渉メンバーを確認する

　相手方から誰が交渉メンバーとして登場するかは，できれば事前に情報を得ておくべきでしょう。また，そのメンバー諸氏の会社における立場，権限，影響力の強さも確認できれば，なお良いです。交渉の場において相手ときちんと目線をあわせて話をすることが大切ですが，誰がキーパーソンか分かれば，そのキーパーソンに目の焦点を定め，話をしていくことでシャープに交渉を進めていくことができます。

　また，交渉のシナリオもキーパーソンをイメージしながら作成することで，より具体的で臨機応変に対応したものが作れます（交渉のシナリオについては，本章3(2)を参照して下さい）。

3 交渉は準備が第一

　何事にも十分に準備をしておけばうまく行きます。また，たとえ準備したとおりに物事が進まなかったり，あるいは予期せぬ事態が発生しても，準備段階で蓄積された知識，知見，ノウハウを使い，とりあえず対処をすることができます。ビジネスにおける交渉も，きちんと準備をして臨むのと，ぶっつけ本番で対応するのとは，結果は異なるものです。

　ただし，「よく準備する」ということは，いろいろなことを丸暗記しておくという意味ではありません。事前に何かを詰め込んだりするのではなく，「話の流れを押さえる」「臨機応変に対応できるようにする」ことを意味します。

(1) 裁量と意思決定

　ビジネスの交渉において，「全権委任」や「白紙委任」ということは滅多にありません。ただ，交渉担当者には，ある程度の「裁量」が与えられていますが，一定の裁量を超える意思決定事項までくると，意思決

定者である決裁者の指示を仰ぐことになります。

　裁量の範囲は，社内規程やルールで定められている場合があります。しかし，交渉の内容は，様々であり，いつも社内規程やルールでうまく仕分けや整理がつくとは限りません。かえってルールにばかりに囚われていると，臨機応変な対応や好機を逸することさえあります。

　したがって，交渉に赴くにあたっては，意思決定者が，この交渉をどう捉えているか，何を期待しているか，何を避けたいと考えているかを，事前のミーティング等を通じて確かめておくことが重要です。

　つまり，それはビジネスの目的は何かを理解することであり，目的達成のために目の前の交渉をどのように持って行きたいかを，確認することです。

　決裁者の考えている方向性がつかめれば，たとえ「想定外」の流れになったとしても，方向性から外れない範囲で交渉を継続することができます。

　交渉は，継続することが大切なのであって，何か想定外の事態が起きるたびに，いちいち交渉を止めていたら合意できるものも，できなくなります。

(2)　シナリオ
①　シナリオを作成するメリット

　交渉を行うにあたり，シナリオを作成しない，という人を時々見かけます。理由を聞くと，「交渉は相手がある話だから，シナリオ通りに話が進むわけではない」，「臨機応変に対応するためにも，下手にシナリオを作らないほうがよい」「自分は，交渉相手も交渉内容も十分に理解しているので，いまさらシナリオを作るまでもない」と言ったコメントが返ってきます。

　たしかに，一理あるでしょう。特に，相手のことや交渉内容を熟知し

ていれば，交渉のシナリオをわざわざ作る必要はないかのかもしれません。

また，相手のことがよく分からない段階で，綿密な交渉シナリオをいくら事前に作成していたとしても，相手の第一声で，すべてが無に帰すことだってありえます。シナリオを苦労して作っても，全く使わずに話が終わってしまうこともあるでしょう（私もそうした経験が何度もあります）。シナリオなんてものは，交渉の経験の少ない者が手控えに作成するものじゃないか，という「交渉に慣れた人」からのコメントもよく理解できます。

それでも私は，交渉にあたっては次に述べる様々な理由から，交渉のシナリオを作成することが，ビジネスの合意を形成するプロセスとして，交渉を成功させるために必要だと考えています。交渉慣れした人や，ディベート能力に秀でた人には不要かもしれませんが，それでも作成しておいたほうがよいでしょう。

理由の第一は，何が交渉の目的か，交渉によって何を（どういう状態を）得ないといけないかを，シナリオ作成の初期段階で確認できることです。シナリオの冒頭に，「交渉の目的」と書いてみるのです。いま自分が所属する会社の置かれた状況，交渉相手との立ち位置の違いや，これまでの経緯からくる強みや弱点など，漠然と感じていたことが，シナリオを書き進めて行くうちに明確になります。

第二に，シナリオを書きながら，まるで交渉のシミュレーションをしているような感覚になることで，交渉を疑似体験できます。疑似体験を繰り返せば，自ずと「本番」でも，言いたいことが言えなくて悔しい思いをすることが減ります。また，一つのシナリオを体に染み込ませることで，相手側の想定外の反応に対しても，柔軟に対応することができます。

そのために，私がシナリオを書く場合には，できるだけ，口語体で書

きます。ちょっとしたドラマの脚本を書くようなつもりで，スピーカーと相手側の名前を実際に入れて作成します。非常に難しい交渉のケースでは，冒頭の挨拶の言葉から考えます。人は，第一印象に左右されるものです。面と向かったその時点から，スムーズに進められる環境を整えることは，交渉を効果的に進めるためには必要です。

　第三に，作成したシナリオを関係者，特に交渉チームメンバー間で共有することで，この交渉が何を目指し，何を言わねばならず，また何を避けなければならないか，チーム全員が納得していることが，実のある交渉のためには，必須でしょう。

　ところで，交渉は相手のある話であり，シナリオどおりにいかないことも往々にしてあります。どんなに精緻なシナリオを組み立てても，冒頭からシナリオで全く想定していなかった流れになることも十分に考えられます。

　シナリオなんか無意味じゃないか，話すべき基本線をしっかり押さえていれば必要ないという考え方もあるでしょう。

　交渉のポイントや想定されるディスカッションの内容，また相手の立場とパーソナリティを十分に理解しており，かつ，不測の事態が発生してもうろたえず，交渉の本来の目的まできちんと筋道を戻すことができれば，シナリオは不要かもしれません。言い換えれば，そのような人は，頭のなかに完全にシナリオができ上がっており，わざわざ紙に書き出す必要がないのでしょう。

　しかし，そのような方を除けば，シナリオを書いて，関係者で共有し，様々なインプットを行い，シナリオを修正していくことは，まさに交渉の予行演習としてふさわしいプロセスです。

　学校の先生が遠足や修学旅行の前に下見に行くのは，どんなに文献やインターネット上で情報が得られても，実際に現場に足を運ぶことで，

いろいろなリスクや問題点あるいは面白い見どころを事前に把握するためです。想定外の事態を完全になくすことはできませんが，下見をすることでかなり減らすことはできるでしょうし，万が一，想定外の事態が発生しても，どうにかこうにか合格点を取れるまでの対応ができるのです。

　シナリオは，交渉しようとしている事項の性質，これまでの経緯，両当事者の思惑等を推測しながら，「多分このように進んでいくんじゃないか」という予測を立てるものです。したがって，どんなに立派なシナリオができたとしても，その通りに無理に進めると，交渉が破綻してしまうことがあります。シナリオ上では，行間は一定の間隔でしかないですが，実際の交渉の場合では，その行間が4行分におよぶような間があったりします。文字の大きさも文書の上では，読みやすいように一定の大きさで統一されていますが，実際の会話にあたっては，それが大きくなったり，小さくなったり，あるいはフォントが変わったり，色が変わったりと様々なバリエーションが生じることがあるのです。演劇では，演出家が役者に対して，どのように演じるのか間や色合いを指示することになりますが，ビジネスにおける交渉では皆さんが判断していかなければならない，ということが違うでしょう。

② シナリオ作成の一例

　ご参考までに，私がシナリオを作る手順を紹介しましょう。

　まず，交渉のポイントになる点や，交渉の結果として何を成果として得たいのかを箇条書きにします。次に，交渉のポイントについて，より精緻に考えるため，A4サイズの紙にポイントになるキーワードを円で囲み，それぞれを線で結びつけたりします。ポイントは一つ，ということはまずありません。複数のポイントがどう関係してくるのか，なるべくビジュアルで理解できるようにします。

そして，交渉で得られる成果は，だいたい三段階で考えます。つまり，①絶対に得なければいけない成果，②このぐらいまで得られればまずよし，と言えるレベル，最後に③これができれば言うことなし，という合格点をはるかにこえるゴールを設定します。こうして整理していると，よく背景や事実関係が理解できている交渉案件であれば，頭の中におおよそのシナリオが浮かんできます。この時できるだけ，箇条書きではなく，キーワードを丸で囲んだり，線でつなげたりしながら，ビジュアル化します。

　また，常にではありませんが，決め台詞のようなものを考えることもあります。「……というのが当社のポリシーです」はあまりにも一方的なフレーズですので，あまり使いたくありません。「お互いにとって利益となる」「お互いに将来においても誤解のないよう，明確にしておく」等を，もし，議論が固まってしまったときに使えそうなフレーズをいくつか考えておくのは，面白いかもしれません（私のあげた例は，面白くないかもしれませんが）。

　おおよそのシナリオができたら次に，交渉相手の顔や態度物腰を思い浮かべながら，最初の挨拶の言葉から，まるで芝居の脚本を書くように自分の「台詞」と，相手がおそらくするであろう「発言」を，省略せずに丁寧に書いていきます。

　箇条書きですと，私の場合，微妙な言葉の言い回しが，頭にインプットされない可能性があります。交渉は，試験で選択式の問題を解くのとは違います。あるいは，聴衆の前でプレゼンテーションするのとも違います。常に，変化する状況に応じて，受け答えを変える必要があり，そのためには，まず基本線としてどのようなトーンで話すのかがシンプルな言葉でイメージできていないと瞬時に対応するのが難しくなります。

　面倒なようでも，まさに台詞のように作り上げていくことで，感覚的にシナリオを頭に焼き付けることができるのです。

シナリオを書き進めていく途中で，準備段階で整理したポイントのほかに，新たなポイントや調べておかなければならない事実関係や経緯が見えてくる場合があります。その場合には，新たに出てきたポイントをどこでカバーするのか，あるいは事実関係の確認は後ほど行うとして，その内容だけ別にメモしておき，「台詞」と「発言」を書き続けます。調べたり確認したりする作業は，後でもできます。まずは，台詞モードに入り，最後までストーリーを完結させることに集中したほうがよいでしょう。

さらに，しばらくすると，こちらの「台詞」に対して，相手の「発言」の内容が複数通り考えられる場合があります。そこで，相手が「発言」する内容は可能性として何通りある，それぞれの場合に，どうこちらが受け答えるかをシナリオに書き込んでいきます。たとえば，相手が肯定した場合は，次のポイントへ進み，否定する場合には，否定の根拠や否定に対するこちら側の説得材料について説明する台詞を用意します。

ここまできますと，だいたい，頭の中ではどのような流れで交渉が行われるのかについての，かなり具体的なイメージが見えてきます。

「台詞」は，実際に口にしやすい言葉にするようにしています。文章で書くと難しい内容でも，「台詞」だとさらっと伝えられるメリットがありますが，実際に口に出したときに相手にどう伝わるかは気にします。時には，"ここはやや強めに"とか，"ゆっくり，繰り返す"のように，台詞にト書きを書き込むこともあります。これは，芝居に出演する役者が台詞を覚えるときと同じようなやり方と似ているのかもしれません。

噺家は，新しい「話」を覚えてから，自分の「もの」にするまで，何度も何度も稽古するそうです。ただテキストを正確に記憶し，話すだけでは，聞き手は面白くも何ともありません。要点だけ押さえておけばよい，というものではないのでしょう。

交渉に，あまりハッタリや，威嚇的な態度はふさわしくありませんが，

自分の考えていることを相手に理解してもらうための声のトーン，話すスピードといったものがあるはずです。自分にとって，なるほどうまく話すなぁ，という人が身近にいれば，その人の話し方を参考にするのもよいでしょう。

(3) 役割分担，チームワーク

　交渉においては，事前に役割分担をしておく必要があります。ビジネスにおける交渉は，少なくとも二人以上で臨む必要があります。これは，少なくとも一人はノートテイカー（note taker）として，交渉の記録を取るためです。交渉と記録の二役を同時にこなすのは大変難しいです。単純な内容で短時間であれば何とかなりますが，たとえば契約の交渉，あるいは社員の不祥事調査の場合等，一人で交渉と記録を行うのは，理解の齟齬，記憶違い，肝心なポイントを外す，といった問題が発生し，交渉の行く末や会社のリスクに大きな影響を与える場合があります。

　交渉における最小単位の役割，すなわち相手とやり取りをすること，およびその内容を記録することを考えるのであれば，最低二人ですが，内容によっては三人以上の場合もありえます。たとえば，それぞれ専門分野が決まっており，各分野において詳細な知見や経験に基づく発言が交渉の場において必要である場合は，各分野ごとのエキスパートを同席させることがあります。しかし，交渉は，部分的に詳しくやり合ってもあまり意味がありません。最後には一つの合意に向かってまとめていかなければならず，専門的，技術的な議論に終始することは，発言者の自己満足になりかねません。

　交渉における役割分担は，どのような交渉をするのかによって決まってくるものと考えておいたほうがよいでしょう。特に，債権保全・回収における債務者や担保提供者との交渉や不祥事を起こした疑いのある社員との交渉（つまり，社員に対する事情聴取）においては，アプローチの

仕方によって役割分担を決める場合があります。詳細は，それぞれの交渉に関する部分で述べることにします。

(4) ゴール，落としどころの設定，確認

　交渉のシナリオを考えるときに，当然念頭に置かなければならないのは，交渉のゴールは何かをハッキリさせることです。どこがゴールか分からずに交渉を開始することは，海図と羅針盤を持たずに航海に出るようなものです。

　ゴールは究極のゴールでなくても，途中，とりあえず通過すべきポイントでも構いません。ゴールの設定はできるだけ具体的な言葉か，もし数値で表せるのであれば数値化したほうがよいでしょう。

　設定したゴールは，交渉に関わるすべての関係者が理解し，共有しておくべきです。実際に交渉の現場に立ち会わなくても，交渉に必要な基礎情報を集めたり，交渉結果によって直ちにアクションを起こす必要がある部署の担当者など様々な人たちが関与しているのです。

　ゴールの設定にあたっては，まずは，自分や自社にとって最も望ましい状況をイメージしましょう。そんな高飛車な要求を突きつけたら，相手が怒ってしまい交渉にならない，と心配になるかもしれません。特に日本人同士の交渉だと，そうした「思いやり」の気持ちが先に立つことが多いのですが，実は，そうした思いやりを理解しない交渉相手も存在します。そうした交渉相手から見れば，もっと厳しいところからスタートすると思っていたのに，何と楽な交渉相手だろうと喜ばれてしまいます。こちらが歩み寄るからといって，相手が自発的に歩み寄るとは限りません。常にベストのところから交渉をスタートするのが大原則です。

　「落としどころ」という言葉は，"交渉の結果，譲歩や妥協ができるぎりぎりのポイント"を意味します。ベストのポジションから交渉をスタートさせ，どれだけ落としどころの手前で妥結，合意できるかが腕の

見せどころであり，交渉の面白いところでもあります。落としどころは，単なる妥協点ではなく，次の交渉のステージに向かう一里塚と考えましょう。「しょうがない」と思って合意しても，よいことはありません。妥協の産物かもしれないが，ベストの意思決定であったと自分だけでなく交渉に関わるすべての人々が理解，納得することが必要です。なんといっても，実際に交渉を行っている者が一番大変でエネルギーを使うのです。一生懸命交渉している当事者をサポートするのが，関係者の役割であり，「自分ならもっとこうできた」「あの場面ではあんなことを言わず，違うことを言えばいいのに」と後から文句をつけることは誰にでもできます。もし，交渉当事者が気づいていないことがあれば，それを指摘し，アドバイスしてあげることが，交渉当事者を支える関係者の役割です。

たしかに交渉は，実際に相手とやり取りする者の能力やマインドによるところが多いとはいえますが，交渉当事者をサポートするスタッフの協力，特に刻一刻と変化する交渉の状況に応じて，資料や情報，新たなシナリオ等をタイムリーに提供し，バックアップするサポートスタッフの働きが欠かせません。交渉は，一人ないしは少人数の交渉当事者だけでなく，交渉当事者を支える関連部署のスタッフとのチームワークの上に成り立っています。一方，交渉を実際に担当する者は，そうしたサポートチームのおかげで交渉を進めることができることを十分に認識すべきです。交渉は，決して一人でうまくいくものではなく，それに関わるすべての人々とのチームワークによって成し遂げていくものなのです。

(5) 交渉に使える小道具の準備

交渉を行うにあたって，交渉をスムーズに進めるための「小道具」がいくつかあります。特に，出張先で交渉を行う場合，そうした「小道具」がなかったために致命的ではないが不便をしたり，逆に，小道具の

おかげでアイディアが生まれる等，交渉をうまく進めていくヒントを思いついたりするからです。「小道具」については，巻末の184頁をご参照下さい。

4 交渉のタイムマネジメントを忘れずに

　ディベートは限られた時間でどちらのロジックがいかに相手より優れているかを競います。ビジネスにおける交渉も同じことで，時間無制限に延々と続けてよい交渉などありません。ビジネスを進めるためには，様々な準備があり，ステップがあり，すでにスケジュールが決まっているものです。つまり，いつまでに何がどの段階まで来ていなければいけないか，を理解した上で，交渉の準備やスケジューリングを行い，また実際に相手側との交渉を進めていかねばなりません。

　「交渉は相手もあることだし，そうそう，こちらの思う通りにはいかない」と言い訳したくなりますが，そうも言っていられません。目標の期日までに，どうにかして間に合わせるのが，交渉担当者として課せられたミッションなのです。

　正直に言うと，私自身タイムマネジメントという点ではまだまだ改善すべきポイントがたくさんあると思っています。したがって，これから述べることは，自らの反省もこめて，お伝えします。

　交渉のタイムマネジメントを行う上で，どの場所で交渉するかが重要なポイントです。先述のとおり，こちら側での交渉は移動の手間も省け，また，社内外のリソースも使いやすく地の利があると言えるでしょう。しかし，それは相手側から見れば不利益であり，何よりも「いや，では本社に持ち帰って検討します」などと言われると，どんどんビジネスの目的達成のための持ち時間は過ぎてしまいます。

　私の経験上，こちらが急いでいることを明確に伝えるために，相手側

の陣地に不利益は承知の上で赴いたほうが物事は早く進むように思われます。もちろん，事前にシナリオを練り，想定される事態にできるだけ対応できるよう準備をしておき，ある程度のゴール，落としどころについて社内のコンセンサスを取っておくことは言うまでもありません。

なお，こちらが急いでいる状況にあることを示すのは，ビジネスにおける交渉では必要で，決して不利に働くものではありません。状況をお互いに正確に理解してこそ，実のある議論，交渉ができるのです。また，時間的制約が厳しいほど，お互いに意思決定が早くなるものです。もちろん時間の流れの速さは，双方に違いがあるでしょう。こちらが急いでいるときに，相手がそうでもない場合，とにかく急ぐから，と詰め寄るやり方はあまり上手とは言えません。相手にとっても，同じ時間軸，スピード感で進めることが，大きなベネフィットなのだ，と分かってもらうようなストーリーや話のネタを用意しておきましょう。あまりにこちら側の事情ばかりを押し付けるような説明は，かえって足元を見られてしまい，交渉の進め方，合意の着地点でかなりの譲歩を強いられる可能性があることに注意しましょう。

ちょっとした余談ですが，私は，商社勤務時代に，あるベテランの営業マンから「ラマダン（イスラムの断食の習慣）の時期こそ，ビジネスチャンスだ」という話を聞いたことがあります。ラマダンでは，日中，食べ物を口にすることができません。私は，そんな時に交渉に押しかけるのは，相手の文化風習を理解しない態度ではないか，と思っていましたが，実はラマダンの時期でもビジネスはちゃんと継続しているのです。中近東諸国との交渉では，お国柄か，なかなかタイムマネジメントが日本企業が考えるとおりにはいかない場合があります。しかし，普段より空腹であるためかどうか定かではありませんが，決断がラマダンでない時に比べて早いそうです。私も実際，イスタンブールで取引先の社長と交渉をした際，決して機嫌はよくはないですが，話がいつもより早く進

んだ経験があります。

　話を戻しましょう。

　忘れてはならないのは，交渉のタイムマネジメントの前提となるビジネス上のスケジュールに対する理解です。交渉結果を元に，社内で何かを提案する，承認を取る等の手続には，何かと手間と時間がかかります。特に，特別なプロジェクトの場合には，時系列にしたがって，どのような事象やタスクが発生し，それをいつまでに処理しなければならないか，という工程表あるいはロードマップを作り，進捗を管理していくことが，期日通りに問題なくプロジェクトを実施していくために必要です。工程表やロードマップの中で，相手との交渉の開始時期，終了期限，合意すべき内容等，プロジェクトに関わる様々な事項が記載されることになります。

　たとえば，ある事業の縮小，それに伴い製造を委託している業者との長期契約を終了する，というプロジェクトがあるとします。早急に事業縮小をしなければコストばかりかさみ，赤字が増える状態です。したがって，できるだけ早く製造委託業者との契約終了を合意し，生産終了にもっていかねばなりません。製品の製造は，そうそう簡単にストップできるものではありません。たとえば原料や資材の調達先，あるいは当該製品を購入している取引先に対して，当該製品の製造が終了する旨を伝え，代替措置を講じなければなりません。このように，事業縮小が完了した時点で，処理が完了していなければならない事項が何かを明確にし，すべての事項に期日を定めます。

　もちろん，設定した期日までに完了しなかったり，やるべきことが変わったりと，プロジェクトの進捗に影響を与えることは常に起こり得ます。プロジェクト遂行のために，製造委託業者や原料供給者，あるいは，人員整理をしなければいけないとしたら，現場の従業員あるいはその代

表者との「交渉」は避けられません。本来，合意は強制できるものではないのですが，しかし，プロジェクトの進捗を睨みながら，交渉を終わらせ，一定の成果を収めていく必要があります。交渉は，相手との合意を得るためのプロセスですが，いくら時間をかけてもよい，というものではありません。一方で，期日完了に拘泥するあまり，合意が整わず，紛争にまで発展してしまうこともあります。ビジネスを進めていくためには，そうした事態は避けなければいけません。

　交渉におけるタイムマネジメントとは，これまでの知見や経験，あるいは収集した情報から，合意形成までどれくらい時間がかかるかを，できるだけ正確に見積もることが大切です。先ほど述べたシナリオを作成することで，だいたいの時間を見積もることができるかもしれません。無理強いはいけませんが，合意形成には時間がかかることを見越した上で，全体のスケジュールを考えていくことになるでしょう。

　なお，スケジュールを重視するあまり，大切なポイントを外したり，必要以上の譲歩をすることは本末転倒です。ビジネスにおける交渉は，その場をうまくしのげばよい，というものではありません。将来に想定される事態や影響を考慮して，お互いの合意を得るためにさらに時間をかけることも十分あり得ます。プロセスやスケジュールを重視することは言うまでもありませんが，だからといって，それにこだわりすぎて，本来の交渉の目的であるビジネス上の合意が不十分なかたちで，次の段階に進むことは，将来のリスク要因となることに留意しましょう。

5　交渉はチームワークで取り組む

(1)　キックオフ・ミーティング

　ビジネスにおける交渉は一人で行うものではありません。実際の交渉の現場に立ち会うのは単独の場合があるかもしれませんが，交渉の準備

段階から，様々な部門や外部専門家との打合せを行い，内容を練り上げていくことがほとんどと言ってよいでしょう。交渉を行うということは，会社や組織を代表して相手方から一定のビジネス上の合意を取り付けることであり，決して一人で成し遂げられるものではなく，また，一人で行おうとしてはいけません。

　チームワークにとって，一番大切なことは何でしょうか？　それは，明確なゴールや目標を設定し，チーム全員で共有することです。共有の仕方には様々な方法があります。もっとも標準的な手段は「キックオフ・ミーティング」を開催することでしょう。まさに，サッカーのゲームを開始するがごとく，チームメンバーが一堂に集まり，交渉の目的，ゴール，タイムライン等について共通理解を持つとともに，目的達成のためにそれぞれの部門での役割や行うべき作業，そのデッドライン等を確認します。

　キックオフ・ミーティングの招集は，実際に交渉の現場に立ち会う者が行うのが通常です。しかし，一向にミーティング招集の案内がこない場合には，自ら声がけをしましょう。「オレがやらなきゃ，誰がやる」の精神です。

　十分に準備をして交渉に臨んだほうが，よい結果が出やすいことは明らかです。予想される交渉開始日程にあわせ，十分なリードタイムをとってキックオフ・ミーティングを開始しましょう。

　キックオフ・ミーティングに誰を呼ぶかは，いつも悩む点です。早い決断を促すために少人数で行うと，後から招集されなかった部門から「そんな話を聞いていない」と，拗ねられるようなことも縦割り組織の企業ではあるかもしれません。かといって，披露宴のように考え付くかぎりの人を招集すると，いくら大きな会議室であっても入りきらず，そもそも，そんなに大人数では，意思の伝達や明確なゴールの共有など難しいでしょう。

そこで，もう少し柔軟に考えてみることにしましょう。キックオフ・ミーティングは，何も1回でなくてもよいのです。交渉目的達成の核となる少人数のメンバーで，この交渉，ひいてはビジネスの達成に必要な部門，メンバーは誰か，必要な役割等を洗い出し，検討するのです。キックオフ・ミーティングの骨子を作る打合せと考えたらよいのです。

たとえば，ある製品の販売代理店を起用するにあたり，代理店候補の会社と販売代理店契約の交渉を行うことになったとしましょう。交渉の当事者は，営業部門の担当者ですが，営業担当者から法務部門からも同席してほしい，と依頼がくれば，営業担当者と法務担当者，場合によってはそれぞれの上長を交え，交渉をどのように進めていくのか基本的な方針を考えます。

販売代理店契約ですから，代理店候補の会社の信用状態や与信限度額をどうするかは審査部門，価格設定や支払条件についてはファイナンス部門，仕入調達に関わる問題はサプライチェーン部門，品質保証に関しては品質管理部門と，それぞれの専門分野に従って，交渉準備の段階からどの部門を交えてキックオフ・ミーティングを行うのがよいか検討しましょう。

特に，交渉の推移によっては同席もありえる部門は，早い段階から案件の概要やスケジュールについて連絡しておくことが，その後の共同作業をスムーズに進めるコツとなります。

(2) ワークショップを活用したシミュレーション

ある程度大きな規模のプロジェクトにおける契約交渉においては，相手方とどのように交渉していくかを検討するために，相手方が何を考え，どこに焦点をあてて攻めてくるか予想をつけることで，シナリオ構築や他部門との連携をどうするかを効率よく決めることができます。

少人数で，会議室にこもって集中的に考えるのもよいですが，がらっ

と雰囲気を変えて，ワークショップ形式で相手方との交渉をシミュレーションしてみるのも面白いでしょう。ただし，こうしたワークショップは，あくまでも契約交渉をスムーズに進めるためであり，交渉までの間に十分なリードタイムがあることが前提となります。

ワークショップの方法は様々で，特に決まった形式があるわけではありませんが，例えば以下のような進め方が考えられます。

① メンバー

営業，法務，その他交渉内容に関係する部門（5人以下のグループが3～4つできる位がちょうどよいでしょう）を集めます。

そして，ファシリテーターを各グループから決めます。ファシテーターは，自分の思うとおりに全体を誘導するのではなく，できるだけたくさんの意見や提案が出やすい雰囲気を作り，かつ，時間どおりに終らせることが役割となります。トレーニングのため，法務担当者がワークショップ全体を仕切るほうがよいでしょう。

② 進め方

ファシリテーターが，ワークショップの目標を明らかにします。

その上で，各グループにおいて，まずは，想定される問題点を10分程度で話し合い，さらにそれを3分程度でプレゼンしてもらいます。

次に，各問題点について，どのように対応したらよいか，どのように主張を展開したらよいかを部門に関係なく参加者の目線で議論してもらいます。これには30分位かけたほうがよいかもしれません。

対応策について各グループより5分で発表してもらったのち，次に，交渉を効率よく進めるために，各部門としてのアクションプランを話し合ってもらいます。この時は，自分が所属するのが営業部門であっても，たとえば法務部門は，「相手方の反論を想定した代案を作成するという

アクションを取るべきだ」と考えれば，できるだけ具体的にその要求事項を明らかにしましょう。

最後に，各部門に分かれ，出された要求事項を検討し，部門としてのアクションプランをまとめます。

このようなワークショップを行うことで，部門間の連携がよくなり，その後の作業が効率的に進みます。いわゆるチーム・ビルディング（Team Building）の効果です。また，アクションプログラムにおいても，ワークショップ参加者が見ている前で決定されるので，透明性があるとともに，完了に対して強いコミットを行うことになります。

契約の交渉の場面ではありませんでしたが，あるプロジェクトに関する訴訟の際に，プロジェクトの内容や進め方について知見や経験のない弁護士チームに対して，営業部門を交えて，プロジェクトの詳細や経緯，そもそもどうやってビジネスを作り上げていくのか，ということについて説明会を開催したことがあります。いきなり関連する契約書や書面を読むよりも，まずはビジネスの実態をよく理解してもらうことに注力しました。結果として，弁護士チームの理解が深まり，我々との連携もスムーズになり，自信を持って訴訟に対応することができました。

交渉もチームワークであり，いかに社内の関連する部門，社外の専門家等との連携をよくしていくかが，迅速で効果的な交渉の進め方につながるのです。

(3) 強みを活かす

チームワークとは，皆が同じ方向を向いて，同じようなスピードで走ることではありません。また，そうしたチームを作り上げることがリーダーシップということでもありません。

チームワークとは，メンバーそれぞれの役割や専門性をお互いに理解

し，各メンバーの強みを十分に発揮して目標達成に向けて協働することを言います。

つまり，一緒に交渉に取り組むチームの各メンバーについてよく知ることが，その強みを理解し活かすことにつながります。交渉は「戦い」ではなく，掲げたビジネスの目標を達成するための合意形成のプロセスですが，それでも自社にとって有利なかたちで決着できれば，それに越したことはありません。

できるだけ有利なかたちでの合意形成のためには，相手を理解し，ビジネスの背景や状況を理解し，タイムラインを理解しながら進めていくことが必要ですが，これらをすべて一人でこなすことは大変に難しいと言えましょう。したがって，チームで交渉のポイントを整理し，相手方に十分に納得してもらい，かつ，自社にとり有利な方向に持っていくための戦略をチームで構築することが必要なのです。

また，チーム内で交渉のシナリオを議論し，あるいは交渉の行く末をシミュレーションすることは，より客観的な判断が得られることになり，それが相手方に対して説得力のある説明へとつながるのです。

チームワークを活かすためには，メンバーの強みをよく知り，達成すべきゴール，目標を共有し，それぞれの役割を果たすことが必要で，交渉のリーダーはそうしたチームをまとめることが最大の役割になります。

6　交渉の場に法務部門は同席すべきか

(1)　同席することに意味がある

交渉の場に法務部門は同席すべきかについては，会社によって対応が様々です。私の経験では，あまり法務担当者や責任者が，契約やその他ビジネス上の交渉の場に登場することは，企業買収案件（M＆Aやジョイント・ベンチャー）あるいは大型のファイナンス案件を除き，通常の

契約交渉の場に法務部門が同席することは，それほど多くないという感覚があります。かくいう私も，総合商社勤務時代は，出張の場合を除き，あまり取引先との交渉に同席したことはありませんでした。一方で，現在の職場においては，様々な場面でビジネス部門の人たちと一緒に交渉に参加する機会が増えています。

法務部門が交渉に参加しない（できない）理由は，おおよそ次のようなことが考えられます。

---

① 契約に関しては，法務部門は助言機能しかなく，すべてビジネス部門が意思決定を行っており，同席の必要がない
② リソース，時間的な問題もあり，法務部門が交渉に参加するのは事実上困難
③ 相手方は法務部門の者を参加させていないにもかかわらず，自社から法務部門を同席させるのはバランスを欠く
④ 法務部門が交渉の場に参加するということは，会社としてコミットすることを示すので，リスクマネジメントの観点から交渉の現場には同席させない

これらのほかに，とある会社の営業の方から，「法務部門はビジネスの現場をあまり理解していないので，交渉の場で変なことを言って，話が複雑になると困るから同席させない」という笑うに笑えないお話を聞いたことがあります。

時間やリソースの理由で，すべての交渉の場面に参加できないのは理解できます。しかし，法務部門がビジネスをサポートする立場であれば，なんとか時間をやりくりして，できる限り同席するほうがよいでしょう。取引先との交渉の現場に立ち会うことは，法務部門にとって次のようなベネフィットがあるからです。

① 取引先の会社のカルチャーを理解できる
② 取引先の会社やその担当者にとって，何が関心事かが理解できる
③ ビジネスの現場や取引先との間で交わされている「言語」が理解できるようになる
④ 同席することにより，法務担当者自身の交渉能力やスキルが向上する

　特に，3番目は重要です。法務部門として交渉に参加する場合，相手が弁護士または法務部門の担当者のみであれば法律用語を駆使した話合いも可能ですし，むしろそのほうが早いかもしれません。しかし，自社のビジネス部門，相手方のビジネス部門が同席する交渉の場では，ビジネスランゲージ，つまり取引先にも理解できる言葉遣いで丁寧に，法的な要素を織り交ぜながら話をする必要があります。

　また，たいてい，交渉の相手方は，交渉の現場で決定権を持っていることはあまりなく，その後，相手方の社内に持ち帰り，上司やしかるべき部門に確認を行うことが通常です。したがって，いわゆる「伝言ゲーム」にありがちな話の齟齬や誤解が生じる可能性が十分にあることを踏まえ，ビジネスの現場で使用されている言語で正確に主張を伝えることが，交渉をスムーズに進めるポイントの一つとなります。相手方の交渉担当者がその上司に説明しやすい内容で話をする，ということは，当然，ビジネスの中身や背景を理解しており，相手方の会社が考えるであろう関心事にも思いを巡らす必要があります。

　また，4番目も忘れてはなりません。ビジネスの交渉の現場を，トレーニングの舞台に例えるようで不謹慎かもしれませんが，ただ聞いているだけのトレーニングを繰り返したり，交渉に関するビジネス書やノウハウ本を読むよりも，実際に交渉の相手方と話をしたほうが得るもの

が多いでしょう。現場に同席し，相手の一挙手一投足をつぶさに観察し，短い時間のなかで考えをめぐらし，絞り出すようにして言葉を選んで，初対面の人と話す経験は，そうそうあるものではありません。そうした経験を何度か積むことで，「交渉の間合い」というものが，なんとなく分かってくるものなのです。何よりも，落ち着いて相手の話を聞き，こちらが話すべき内容を同時にまとめる，という作業もこなせるようになるのです。

では，交渉に同席できなければ，法務部門の出番はないのでしょうか？　そんなことはありません。交渉のシナリオ（15頁参照）の作成や，交渉がどのように進んでいくかのシミュレーションに協力することはできます。また，交渉に参加するビジネス部門の担当者にとって，相手方からの主張にどう切り返すべきか，というところまで，法務部門のアドバイスがあると助かるものです。ビジネス部門の担当者と交渉内容の打合せをしながら，必要に応じて，交渉に同席することがやぶさかではない，という積極的な姿勢を示すことで，結果的に同席しなかったとしても，担当者としては，ずいぶんと心強いはずです。

私は，実は，早く取引を進めるために，20回のメールのやり取りをするよりは，1回のミーティングで論点を議論したほうがよい，と最近は思うようになりました。交渉は，ビジネス上の合意を目的とするものですが，交渉が進まなければ，ビジネスの目的の達成の時期が遅れることになります。それは，両当事者の成長にとって，決してプラスのことではないでしょう。拙速に物事を進めることは禁物ですが，集中的に議論することも，スムーズな交渉のためには必要です。

(2) ケース・バイ・ケースでの対応も必要

ビジネス部門は，交渉を行う当事者メンバーの構成バランスについて

も考えるものです。相手方が法務担当者を同席させないのであれば，こちらからのみ同席させるのは，バランスを失すると思われるかもしれません。ビジネス部門からそうした意見が出た場合には，できるだけ尊重しましょう。法務部門が同席することが目的ではなく，交渉がうまくまとまるのが目的なのです。一方，相手方が法務担当者，あるいは弁護士を同席させるという情報が入った場合は，できる限り，自社の法務部門からも出席させるようにしましょう。また，長い取引関係にある取引先との交渉と初めて取引する取引先とでは，交渉における注意度が異なります。新規取引先との交渉においては，余計な約束や誤った方向に交渉が進まないよう，「サポート」というスタンスを取りながらも，交渉内容，方向性をきちんとモニターすることも法務部門の隠れた役割となります。

(3) 交渉の経緯，自らの役割を理解しよう

　ビジネス部門から見れば，契約や取引条件の交渉の際に法務部門が同席してくれることは，心強いことこの上ありません。一方で，これまでの交渉経緯や流れを全く理解せず，契約上の自社の権利の拡大のみを声高に叫び，義務の範囲をできるだけ少なくするよう手練手管を使って交渉することは，それがビジネス部門の希望であれば別ですが，頼まれもしないのに，積み上げてきた取引関係や，担当者間の「あ・うん」の呼吸とも言うべき絶妙な関係を壊してしまうのは，もったいない話です。一方で，法務部門が，相手方にとって「悪者」となり，厳しいことを言う役割を演じることはありえます。ただし，相手側の反応を見ながら，強弱，硬軟を使い分ける必要があるため，ある程度，交渉の経験がないと難しいかもしれず，注意が必要です。

(4)　必ず法務部門が同席しなければならないケースはあるのか？

　相手側が，弁護士を同席させるような場合には，少なくとも法務部門の担当者は同席したほうがよいでしょう。万が一，法的な事項についての議論となった場合，ビジネス部門では対応しきれない可能性があるからです。ただし，通常のビジネスの交渉において，そのような法的な事項について議論がなされることはあまりないと考えてよいでしょう。訴訟につながりそうなクレームや，紛争に関する交渉といったケースに限られるのではないでしょうか。

7　交渉の場に弁護士を同席させるべきか

(1)　Legal Feeにご注意

　弁護士は法律のプロフェッショナルであり，交渉に同席してもらえるのであれば，心強いことこの上ないでしょう。しかし，交渉の同席は，ある一定時間，弁護士を拘束することになります。弁護士によっては交渉に関わる時間も含めてパッケージとして報酬を設定する場合もありますが，ビジネス法務上の交渉であれば，タイムチャージが通常でしょう。交渉に参加している間は，その弁護士は他の仕事ができないから，タイムチャージは納得できるものがあります。

　弁護士のタイムチャージの単価は，弁護士の経験，習熟度によって変わります。病院ですと，医者の経験や年齢によって診療費や治療費が異なるわけではありませんが，弁護士事務所においては（特に中規模以上の場合），シニアパートナー，パートナー，シニアソシエイト，アソシエイトの4段階位でレートが設定されています（事務所によっては，もっと大雑把なくくりであったり，細かい分類をしている場合もあります）。

また，交渉の場までの往復の時間，旅費も考えておかなければなりません。特に，海外での交渉に同行してもらう場合には，フライトはビジネスクラス以上を指定される場合があり，滞在日数も長くなる可能性があるので費用がかかります。

(2) どんな場面で同席してもらうか

交渉の場面にだけ，弁護士を同席させるのは，実は非効率的です。交渉は，相手とビジネス上の合意を図るプロセスであり，交渉に至るまでの経緯が双方にあります。交渉に弁護士を同席させる場合は，ビジネスの背景，交渉に至るまでの経緯，交渉によって何を，どこまで合意すべきかについて十分なインプットを同席する弁護士に行う必要があります。なお，そのための時間も当然，弁護士費用請求の対象となります。

また，紛争やクレーム処理に関する交渉において，相手側が弁護士を交渉の場に同席させることが予想される場合には，案件の複雑さ，取扱金額の大小にもよりますが，自社のほうでも弁護士を同席させて交渉をサポートしてもらうほうが安全でしょう。弁護士といえども，ビジネスの現場や取引の背景を熟知し，会社の方向性や戦略，あるいはビジネス上の優先順位を十分に理解していない場合もありますから，あまり萎縮する必要はなく，あくまでも主役は，ビジネス上の交渉をしている両社のビジネス部門の担当者であるという基本線を相手方としっかりと共有しておくことが必要です。

さらに，弁護士を同席させるとして，メインスピーカーとして交渉してもらうのか，あるいは，ビジネス部門，法務部門のサポート役として参加してもらうのか明確に役割を決めておかないと，せっかく費用をかけて弁護士に同席してもらう意味が半減以下となります。

メインスピーカーとして交渉してもらうのは，高度に法律上の問題がある，あるいは訴訟等に発展しそうな案件で，かつ，相手側も弁護士を

メインスピーカーとして立ててきている場合です。こうしたケースでは，むしろビジネス部門からは参加せず，弁護士同士で交渉してもらったほうが，よいかもしれません。弁護士間で争点整理を行ってもらい，それを受けて，法務部門はビジネス部門の合理的な判断をサポートするために，弁護士とビジネス部門の橋渡し役を担う，ということが考えられます。

メインスピーカーとして交渉を担うのは，まさに弁護士の仕事であり，代理人として本人（＝自社）の意向と利益を最大限に尊重する義務がありますから，少なくとも不利益な内容での合意はない，と考えてよいでしょう。また，弁護士がメインスピーカーとなる場合には，弁護士に対して交渉を任せる旨の委任状を求められる可能性もありますので，その内容（委任の範囲，期間等）は法務部門として確認し，ビジネス部門に対して説明をすることが求められます。

弁護士をサポート役として交渉に同席してもらう場合は，あらかじめ，何が争点となりそうか法務部門で整理して弁護士と十分に打合せをしておくことが，効果的・効率的な交渉につながります。また，価格や納期などコマーシャルな条件については，ビジネス部門がどこまでを求めるのか，あるいはどこまで妥協できるのかを交渉前に十分に整理し，弁護士と法務部門にインプットしてもらうよう，法務部門がリードをすることが重要です。

弁護士を同席させるかどうかの実務上の判断は法務部門で行うべきですが，費用負担がビジネス部門の場合，あらかじめビジネス部門の了解を得ておくことが肝要です。ビジネスは，費用対効果を常に考えるものであり，弁護士が同席すれば安心ではあるが，すべての交渉に同席させてしまうと，とんでもない費用がかかることになります。弁護士を同席させる「価値」がある交渉かどうかの見極めは，ビジネスをサポートする法務部門の役割であり，知見の求められるところです。

(3) 自社側の弁護士を同席させる場合

　自社として弁護士を同席させる必要が出てくる場合は，概ね以下のケースと考えてよいでしょう。

- ◆未経験または関係業法が複雑な取引，契約に関する交渉
- ◆（将来の）訴訟につながる可能性のある交渉
- ◆取扱金額，対象金額が高額となる取引に関する交渉（金銭消費貸借，M&A等）
- ◆債権保全，回収に関する交渉
- ◆クレーム対応
- ◆相手方が弁護士を同席させることが明確な場合（そして，自社としても弁護士を同席させたほうがよい，と判断する場合）

　上記のようなケースのすべてについて同席が必要なわけでもありません。弁護士のアドバイスを得ながら，法務部門とビジネス部門がチームになって交渉にあたるという進め方でも問題はありません。

　弁護士に同席してもらう場合でも，交渉の準備，進め方には，基本的に特別なことは必要ありません。ただし，弁護士を交渉のためのミーティングで拘束することは，その分弁護士費用がかかります。したがって，相手方との交渉の進め方を弁護士とも共有し，同席することで，どのような機能を果たしてもらうのか，事前にハッキリさせておいたほうがよいでしょう。弁護士に同席を依頼するのは，いずれにしても，高度に専門的な法律上の問題について，法的な見解やアドバイスをその場でしてもらえる，あるいは，相手方に法的な内容を説明してもらえる，というメリットがあります。したがって，そのメリットを最大限に享受するためにも，できるだけ効率よく交渉の目的，背景，方向性，想定される問題点とのその解決策，妥協点について事前に弁護士に理解してもらうことが必要です。弁護士が同席してくれるからといって，安心しては

なりません。純粋に法律的な問題については，弁護士の出番ですが，ビジネスにおける交渉は法廷での口頭弁論やディベートの場ではないので，あくまでも交渉の主体はビジネス部門であり，弁護士や法務部門はそのサポートを行う立場であることを自覚してもらうための努力，手間を惜しんではなりません。

なお，弁護士に同席してもらいたいが日程が合わない，あるいは，同席できても短い時間しか参加できない，というケースもあるでしょう。できれば，別日程を調整するのがベストでしょうが，日程の関係で相手方との交渉日程が決まっており，もはや調整が不可能な場合には，事前に交渉の論点整理とシミュレーションを弁護士とともに行っておくのがよいでしょう。

なお弁護士を同席させる場合には，あらかじめ相手側にその旨を伝えておくのが，ビジネス上の儀礼として必要でしょう。

(4) 相手方が，交渉の場に弁護士を同席させたい，と言ってきた場合

ビジネスの交渉において，相手方が弁護士を同席させたいと言ってくることはよくあります。その場合，拒否する理由はあまりありません。ただし，事前にその弁護士の氏名および所属事務所名，所属弁護士会を調べておくのがよいでしょう。ビジネス上の交渉相手については，ビジネス部門においてどのような人か，という情報を得ることができますが，弁護士情報に関しては法務部門で調べることになります。

相手側同席予定の弁護士の詳細によっては，交渉のシナリオや役割分担を検討する場合に参考になるからです。

相手側の弁護士の詳細がわかれば，あらかじめ，その弁護士の専門分野，これまで依頼を受けた事件等できる限り調べておきましょう。最近では，ホームページを開設している弁護士事務所が増えてきたので，弁

護士の経歴や専門分野といった基本情報は押さえることができます。また，自社で関係のある弁護士に，相手方弁護士の人となり，業界での評判について聞いてみるのもよいでしょう。

　十分な経験とビジネスに対する理解のある弁護士が同席することは，決して自社にとって不利なことばかりではありません。様々な論点を整理しながら，交渉がスムーズに進む可能性があるからです。一方で，ビジネスの背景や，これまでの経緯を理解せず交渉に弁護士が同席する場合，発言内容が少々交渉の焦点からズレていることもあります。これは，その弁護士の能力，というよりは，相手側から十分な情報を与えられていないにもかかわらず，同席せざるを得ないことが原因でしょう。ただし，ごくまれではありますが，全くビジネスや取引の内容や交渉のポイントも理解せずに交渉に同席し，これまで段階的に形成されてきた合意がひっくり返る，あるいは大きく後退することもあります。交渉において，弁護士にどのような役割を果たしてもらうのか明確でなく，いわゆる「とにかく同席お願いします」といった雑駁な依頼しかしていないことが原因でしょう。その場合は，時間はかかりますが，その弁護士の方に，こちらから経緯と現状の説明をしなければなりません。理解さえしてもらえれば，後の交渉がスムーズにいく可能性が高いからです。

(5)　相手側に弁護士を紹介する

　相手側が，契約等の法律事項を含む交渉に慣れていない場合には，論理的に話を進めていくために，相手側に弁護士を紹介することも考えられます。交渉していて，なかなか埒が明かない場合，弁護士を起用して交渉をサポートしてもらうことを相手側に提案するのです。もちろん，その場合，費用は相手側の負担になるので，嫌がる可能性はあります。しかし，お互いに早期に合意する必要がある場合，弁護士を起用してもらったほうがよいケースもあるのです。相手側が自力で弁護士を探すこ

とができればよいですが，そのネットワークがないのであれば，こちらから弁護士を紹介することも考える必要があります。訴訟や紛争解決の場では，この方法は使えませんが，ビジネス上の合意をするために，法的な面から事態を整理して，こちらの主張をわかりやすく相手側に説明してもらうための最後の手段として考えることができます。もちろん，紹介した弁護士は相手側の利益のために動くわけですが，論理的，客観的に話が進めることができるメリットは大きいでしょう。

　なお，自社の顧問弁護士や，重要案件を依頼する可能性のある弁護士の紹介は，自社の不利益に働く（＝起用したいときに起用できない）場合があるので，紹介対象からは外すべきです。したがって，法務担当者は，常日頃から弁護士のネットワークを広げて，自社では起用のチャンスは少ないが，相手側に紹介できそうな弁護士を探しておく，ということがリスクマネジメントとの一環として，必要だと考えています。

8　交渉の記録と録音

(1)　交渉記録の意義

　ビジネスにおける交渉について，記録をとることは非常に重要です。交渉記録により，交渉の経緯，交渉当事者の交渉時点での意向や，途中で形成された合意内容，および次の交渉において，交渉当事者がそれぞれ何をしなければならないかを理解することができます。交渉記録は，それぞれの会社にとって，重要かつ機密にすべき情報であり，資産と言えましょう。

　また，将来的に，交渉当事者間で紛争となった場合に，当事者の意思が，交渉時点で何であったのかを示す資料となり，あるいは交渉内容を巡って行政機関等（たとえば公正取引委員会）からの調査が入った場合，違法な合意形成を行っていないというエビデンスとして使用することも

できます。

① ノートテイカー（Note taker）の必要性

　交渉記録の様式，スタイルに特に決まりはありません。最近は，筆記のみならず，ノートパソコンを交渉の現場に持ち込み，交渉と同時に，交渉内容を打ち込んで電子ファイルの形で残す，という方法もあります。いずれの方式でも構いません。ただし，交渉しながら記録を取る，というのは，実は非常に難しい作業です。交渉の目的は記録を取ることではなく，合意を形成することにあるからです。一方で，正確な記録は，交渉が継続していく場合に，交渉の戦略をたてたり，意思決定には必要なものとなります。正確な記録を取るためには，交渉内容を記録するノートテイカーが必要です。交渉の現場で，メインスピーカーとノートテイカーの役割分担をしておくのが理想ですが，相手側とのバランスもあり，人数的にノートテイカーに徹する者を同席できない場合があります。交渉に臨むチームの中で，どのように交渉記録を取るのか，あらかじめ擦り合わせておくのがよいでしょう。また，交渉においてスピーカーとなる者も，できる範囲で（たとえばキーワードをメモする等），記録を取るようにしましょう。最終的に交渉に臨んだチームで記録した内容を持ち合い，一本化することになります。

　ノートテイカーは，必ず次の事項をメモしておくようにします。

- ☑ 交渉の日時，場所
- ☑ 交渉の当事者
- ☑ 交渉の参加者氏名，役職等
- ☑ 交渉の内容，アジェンダ
- ☑ 交渉当事者にて，次回交渉までに行うべきアクション，宿題
- ☑ 次回の交渉日程（予定）

上記に加えて，交渉当事者の発言，交渉当事者間で意思の合致を得た点，あるいは，お互いに同意できていない点を，交渉の流れに沿って記録します。どのような発言がなされたのか，口語体でメモするのでも構いません。

② **メモは捨てない**

　交渉の現場において，書きなぐりのようなメモが作成されます。また，ノートやメモ帳のような筆記用具ではなく，ペーパーナプキンの余白のような，筆記のためではないものに，メモする場合もあります。

　私の経験上，こうした端切れのようなメモが，後々，交渉当時の状況を思い出させるヒントにつながることもあり，交渉対象の案件が正式に終了するまでは，念のため記録の一部として残しておきます。特に，債権回収・保全に関わる債務者，あるいは他債権者との交渉においては，何気ない一言をメモした紙切れが，後に大いに役に立つこともあるのです。まだ駆けだしの頃，「紙媒体でメモしたものは，破って捨てるな，手でくしゃくしゃっと丸めて捨てろ」と言われました。後で，やっぱりあの紙切れが必要だ，となったときに復元しやすくするためです。その習慣は，今でも残っています。

　なお，最近ではメモをスマートフォン等で写真に撮ったり，スキャナーで読み込んで電子的に保存する方法もあります。私は，小型のメモ帳や，ノートに書きなぐったものをスマートフォントのスキャナーアプリで読み込んで保存しています。最近のアプリは，手書き文字でも丁寧に書いてあれば，読み取ってキーワード検索ができるようになりました。

　いずれにせよ，メモやノートには，交渉の日時，場所，当事者名は明確に記載しておくようにしましょう。

③ 交渉記録の情報管理

　交渉記録に記載された内容は，公開できるものではなく，また社内といえども交渉対象の案件に関係のない者が閲覧する必要はありません。全く自分用の手控えのものもあるでしょう。したがって，交渉記録は，それを知る必要がある人の間でのみ共有されるよう管理されなければなりません。"Need to know basis" という言葉があります。知るべき人のみが知る，という前提で取り扱うという意味です。交渉記録が保存されている媒体に応じて，秘密情報であること，"Need to know basis" にて取り扱われる情報であることを明示しておきましょう。

④ 電子ファイルでの記録

　電子メール等で，共有しやすくするために電子ファイルのかたちで交渉記録を保管する場合には，記録文書を書き換えができない形式（PDF等）で保存し，パスワードロックをかけておくのがよいでしょう。

　パスワードは，自由に設定して構いませんが，電子ファイルごとに異なるパスワードを設定すると，煩雑ですし，どのファイルが何のパスワードだったか分からなくなってしまう「パスワード喪失」という恐ろしい事態を招きかねません。プロジェクトや案件ごとで共通のパスワードを設定するようにしましょう。

　またメール文面で，社内関係者に取り急ぎ要約を伝える場合があります。宛先や，コピーを誰に入れるのか，十分に注意しましょう。また，重要事項が含まれる場合，社内メールのやり取りが，訴訟等の場で，証拠として威力を発揮する場合があります。もし，重要なやり取りで，あとで証拠として使えそうな内容のものであれば，プリントアウトして保存しておく，または書き換えができないフォーマットで電子的に保存しておくことを検討しましょう。

(2) 録音の活用

　交渉記録の作成のために交渉内容を録音することがあります。ビジネス上の礼儀として，録音にあたっては，相手側の了解を取るべきでしょう。録音していることを相手に伝えずに交渉を開始し，後に録音していることを相手が知った場合に，交渉における信頼関係に影響を与える可能性があります。録音された音源は，民事裁判においては，エビデンスとして使用できます。しかし，録音された音源から，交渉記録として書面化することは非常に時間と手間がかかります。

　私は，かつてとある倒産案件に絡む調査において，関係者からヒアリングをした際，関係者の了解をとって録音したことがありました。2時間以上の録音だったと思いますが，録取した内容を書面化してくれるサービスを利用したところ，でき上がった書面は，日本語として意味不明なところも多いため，そのままでは使いものにならず，書面をもとにもう一度ヒアリング内容をまとめたことがありました。人は，日常話している内容は，実際にテキストにすると，実はとりとめもなく，文法的には曖昧で，話の前後で，内容的に矛盾していることもあり，意味が取りにくいことが多いと気がつきました。その時に要点を書きとめたメモを見たほうが，よりはっきりと状況を思い出せるのです。録音はあくまでも，補助的な手段にすぎないと割り切るべきでしょう。

　ただし，不祥事対応としての調査において，不正を行ったことを認めたエビデンスとして録音する場合等，限られたケースにおいては，録音が重要となってくる事態もあります。その場合には，録音の場所，日時，ヒアリング対象者およびヒアリング実施者の氏名，およびヒアリング対象者が録音に了解していることを冒頭に録音するようにしましょう。後日，ヒアリング対象者が，前言を翻した場合に備えてのためです。

　一方，こちら側に録音の了解を取らず，相手側が録音している可能性も常に念頭におく必要があります。したがって，交渉においてこちらか

ら発言する内容は，守秘義務の観点は別にして，万が一，第三者が録音を聞いたとしても，違法あるいは不適切な内容だと理解（あるいは誤解）されるような物言いや振る舞いはしないよう，細心の注意が必要です。

つまり交渉において，相手側に執拗に同意を迫る，暴虐的な言動を取る，恫喝あるいはセクシャルハラスメントと受けとられかねない発言等，自社の社会的信用を貶めるような発言をしないよう注意しましょう。メーカーの営業担当者が，商品の安売りをしている小売業者に対して，安売りをしないようプレッシャーをかけている場面を小売業者側から録音され，事件となったこともあります。交渉は内密裏に行われますが，いつ，どういったかたちで，世間の目に晒されるかわかりません。したがって，交渉において礼儀正しく，かつ，違法な合意であることを想起させるような言動はしないことを，普段から交渉に携わる者には周知し，トレーニングをしておくべきでしょう。

9 議事録の活用

(1) 交渉記録から議事録へ

交渉記録をもとに議事録を作成します。議事録は，様々な情報を含む交渉記録から，交渉当事者間で何を議論したのか，その結果，どの点について意思の合致をみたのか，あるいは，どの点で意見の一致を見ていないのか，また，交渉当事者双方が次回交渉まで対応しておくべきアクションについて，正式な記録として作成，保存されます。

議事録については，会社によっては社内書式，記載の体裁，ルールが決められている場合もあるでしょう。そうした社内ルールにしたがって作成されることが，その後の経営判断やビジネス上の意思決定の妥当性，合理性を示すエビデンスとして取り扱われやすくなります。

また，交渉記録の内容をすべて議事録の形式に直す必要はありません。

交渉記録のなかには，場合によっては，前提条件や背景をよく理解していない第三者が見ると内容が誤解されるものも含まれている可能性があるため，議事録では，できるだけ客観的な記述で作成されることが求められます。

議事録の保管，あるいは共有にあたっては，交渉記録と同様，非公開情報や機密性の高い情報が含まれていることから，議事録にアクセスすべき者のみが共有できるようなかたちにする必要があります。「秘密情報」であることの明示や電子ファイルの場合に，パスワードロックをかける，といった手当も交渉記録と同様に行います。

(2) 議事録は社内資料

議事録は，相手側と共有する法律上の義務はありません。まずは，社内資料として内容を固めることが重要です。まずは自社内の交渉関係者，意思決定者，意思決定をサポートする審議部門が，必要に応じて参照できるように議事録を作成すべきです。

不用意に議事録のドラフトを送ってしまうと，その内容をめぐり，言った言わないの議論になり，会議で発言した内容をやはり訂正したい，といったやり取りが始まると，契約に関する本来の交渉から離れた議論に陥り，時間と労力を無駄にしてしまいます。

ただし，相手側との次回の交渉に向けて，交渉の論点や双方が取るべきアクションを明確にするために，議事録を共有する場合もあります。その場合は，相手方とどの事項について議事録を共有するのか慎重に検討すべきです。社内向けに作成した議事録は，相手方に開示すべきでない情報が含まれている可能性もあるからです。

議事録を交渉の相手側と共有する場合には，以下の点に注意する必要があります。

> - ◆ あくまでも、交渉途中における交渉当事者の意向を示したものであり、交渉当事者間で部分的にでも最終合意をしたかのような表現は避けること
> - ◆ 社内対応についての記述は省くこと
> - ◆ 議事録に、独占禁止法その他法令違反を想起させるような表現、記述がないか、共有する前に法務部門がチェックすること
> - ◆ 議事録を電子ファイルの形式で共有する場合には、変更・上書きができない形式で保存し、パスワードロックをかけること

　共有した議事録について、相手側から変更の要請がなされることがあります。単なる事実の誤りを訂正するのはよいですが、内容について、自社の理解と違う点があれば、修正に応じる義務はありません。あくまでも、自社の理解に基づいて作成された議事録を共有するというスタンスでよいでしょう。議事録の文言の修正を巡ってやり取りすることは、「あの時はそう言ったが、やっぱりこのようにしたい」という追加的な内容に及ぶ可能性があります。そうした内容は、次回の交渉時に行えばよいことで、見解が違うということだけ、自社として受けとめておけばよいのです。または、見解が異なるので、次回の交渉時に議題とする旨を伝えるのでもよいでしょう。

　一方、相手側から共有された議事録の内容に、自社として納得できない点があれば、その旨を明確に示すかたちで相手側に伝え、次回の交渉のアジェンダ（議事）に入れるようにすればよいのでしょう。

(3) 交渉の議事録は誰が作成し保管するのか

　法律上、交渉の議事録の作成および保管が、どの部門で担当するのかは特に定められていないのであれば、社内のルールにしたがって、作成・保管するのでよいでしょう。ただし、法務部門が関わった交渉につ

いては，最終化の前に，必ず法務部門の確認を取るようにすべきでしょう。

10 尊敬と敬意——交渉相手に対して

　冒頭でも述べたとおり，交渉はお互いのビジネスの目的を達成するための合意形成のプロセスであり，決して，相手側と議論の勝ち負けを競うものではありません。交渉をスムーズに進めるためには，常に相手側の交渉担当者に対して，尊敬と敬意の念を払うということが重要です。

　そのためには，交渉の準備段階，交渉の過程を通じて，相手側の関心時，あるいは心配事は何か，あるいは相手が何を考えて発言しているのか理解しようとする姿勢を見せることが必要であり，逆に，高圧的，侮蔑的な態度を取ることはスムーズな交渉や実りあるビジネス上の合意形成を阻害することになります。

　常に交渉の目的は何かを再確認し，相手側を言い負かすのが目的ではなく，継続するビジネスのための合意をいかに素早く，効率よく，かつ自社にとっても相手側にとってもベネフィットがあるようなかたちで形成できるかを考えるようにしましょう。

　なお，言葉使いは丁寧であったとしても，話し方，表情，立ち居振る舞いから，相手側が圧迫感を感じる場合もあります。不必要なオーバーアクションや感情表現は避けるようにしましょう。

　交渉においては，取引関係上，最初から優位にたっている場合もあります。たとえば，メーカーとサプライヤーという関係では，通常は，メーカーがサプライヤーの顧客となるので，立場上，メーカーが強いとされています。そうした関係の中で，交渉時の発言内容や態度が，高圧的であったり，内容として実現可能性がほとんどないようなことを無理強いすると，後日「優越的地位の濫用」だというクレームを受ける場合

があります。独占禁止法で禁止されている「優越的地位の濫用」の成立要件を満たしているかどうかは、様々な角度から見ていく必要があるので、高圧的なコミュニケーションが、ただちに「優越的地位の濫用」とはなりませんが、不要な軋轢を産むことになります。場合によっては、相手側社員が、マスコミやソーシャルネットワークに否定的なコメントを流す可能性も想定した上で、リスクマネジメントの一環として、高圧的で侮蔑的な態度を取らないよう注意しましょう。

しかし、人間、誰しも感情的になってしまうことはあるでしょう。特に、相手側の主張があまりに理不尽であった場合、ついつい、こちら側も興奮して「応戦」してしまうこともあるかもしれません。しかし、その主張が、こちら側の「不適切な交渉態度」を引き出すための戦術かもしれない、ということを念頭に入れて交渉に臨めば、感情をコントロールすることができるでしょう。私見ではありますが、感情のコントロールが難しい人は、ビジネスの交渉の担当者としては不向きかもしれません。

また、感情的になった、あるいは、憤慨しているような話しぶりでありながら、実は、相手を動揺させるための「演技」をする場合も考えられなくありませんが、私としては、あまりお薦めしません。そうした「演技」は、相手方とビジネスにおける信頼関係を築く上では、マイナスに作用する怖れがあります。

こちら意図を伝えるのに、過剰な「演技」は不要なのです。

一方、相手側が、「演技」かどうかはわかりませんが、相手側から高圧的、侮蔑的、暴虐的な態度を示された場合には、その場では「応戦」せず、交渉を打ち切りましょう。もし、相手側の態度が「演技」であれば、すぐに話も再開しようとするでしょう。また、単に感情的になったとしても、冷静さを取り戻させるきっかけにはなります。お互いに目の

前にある問題を解決しなければいけないからです。また，交渉時の状況は，詳細に交渉記録に残し，社内に持ち帰り，そうした不適切な（または感情的な）態度を示されたことを報告しましょう。自社としては，その内容いかんによっては，交渉担当者の上司またはそれ以上の役職者を通じて，相手側の責任者に対して正式にクレームすることも検討しなければならないからです。本来，ビジネス上の交渉とは筋の違うことで「交渉」しなければならなくなりますが，原因が相手側にあるとすれば，社会通念上甘受すべきでない事柄に対しては，指摘をし，是正・改善を求めるのは，至極妥当な対応と考えてよいでしょう。

第2章 交渉とコンプライアンス

ビジネスに関する交渉は，コンプライアンス（法令遵守）の観点から，注意すべき事項があります。

1 秘密保持

交渉においては，当事者会社の，まだ公開されていない情報あるいは今後も公開されることのない情報をお互いに開示する場合があります。開示された情報の取扱いについて，それを相手方の事前の許可なく，第三者に開示，漏えいしないというお互いの約束を，交渉開始前に書面で確認しておくべきです。いわゆる秘密保持契約の締結が必要です。

秘密保持契約は，何に関連する情報が，秘密保持の対象となるのか，できる限り具体的に規定されていること肝要です。また，総合に開示された秘密情報を，各当事者内で，どこまで開示するのか（開示する個別の対象者氏名を含めて）特定する場合があります。情報の開示は，文書，データで行う場合は「秘密」「Strictly Confidential」といった表記をしておくのがよいでしょう。また，口頭でやり取りされる情報も，秘密保持の対象であることを，契約には明記しておくべきです。

特に企業買収案件では，情報の厳しいコントロールが必要なため，情報を受領する権限のある者のリストを契約書の一部として添付する場合もあります。

秘密保持契約が有効に成立してから，交渉を開始することを通常のプロセスとすべきです。が，実際には，秘密保持契約の内容にはお互いに

合意しているものの，契約書の締結が交渉のスケジュールに間に合わない，ということもあります。その場合は，契約の効力を実際に交渉を開始した日に遡らせる，ということも必要になります。

交渉において情報を開示する場合，当事者間の秘密情報の取扱いだけでなく，その情報開示が，他の第三者との間で，秘密保持義務の対象となっている情報に関わるものかどうかの注意が必要です。当該情報が，第三者との秘密保持義務の対象となっているものであれば，その第三者より承諾を得なければ，契約違反状態に陥る可能性があります。また，契約がない場合でも，業界での慣習，商道徳上，秘密を保持すべき情報と理解されるようなケースでは，契約違反とまではいかなくとも，第三者とのトラブルに発展する可能性もあります。

したがって，第三者との間で守秘義務の対象となっている情報の開示については，十分に注意が必要です。

また，後述する知的財産権との関係ですが，情報の開示は，当事者それぞれが保有する知的財産権の譲渡や，ライセンスにはあたらないことも明記しておくのがよいでしょう。さらに，交渉の過程で，いわば「成果物」として出てきたものについては，その帰属をどうするのか，使用の範囲をどうするのか，ということを，交渉の対象となるビジネスによっては決めておくことも必要でしょう。特に，特許権，商標権，意匠権等の登録可能な知的財産権の登録は，相手方の了解がなければ勝手にできないような仕組みを作っておくことが必要です。

交渉が整わず，取引が前に進まなかった場合でも，情報を開示した事実は残ります。したがって，秘密保持契約においては，交渉終了後といえども，開示した情報については，守秘義務の対象とし，他の目的では使用しないことを秘密保持契約で明確に定めておくのがよいでしょう。

2 独占禁止法

　交渉において，ビジネス上の様々な合意がなされますが，それが違法なものであってはなりません。特に，独占禁止法の観点からは，交渉の当事者がその内容に合意していたとしても，違法性を免れることがないので，注意が必要です。

　たとえば，サプライヤーと価格交渉をしている際に，競合する他のサプライヤーの価格情報を示して，交渉を有利に進めようとすることは，競合関係にあるサプライヤー同士の間で，価格に関する情報が共有される可能性が高まり，結果として競争を制限するような状態を引き起こす可能性があります。これは，価格のカルテルという違法行為につながりかねない行為であり，何としてでも避けなければなりません。また，サプライヤーの下請先に，全体の価格を抑えるために，不当に不利な条件を設定するよう要請することは，サプライヤーの下請法違反を助長する可能性があります。下請先から，サプライヤーと一緒になって不当な条件を押しつけられた，というクレームを受けることは，得策ではありません。

　また，販売代理店に対して，顧客への販売価格をコントロールするために，顧客リストや，顧客ごとの取引条件についての情報を開示させる行為は，再販売価格の維持行為として違法とされる可能性があります。店頭での販売価格をメーカーが希望する価格とするために，メーカーから小売店へリベートや販売促進費用の名目で金銭を支払うことも同様です。

3 贈収賄の禁止（Anti-Bribery）

　贈収賄については，日本においては公務員に対する金銭または便宜の提供が問題になりますが，諸外国の法律では，民間企業の間であっても，不公正な目的でビジネス上の利益を得るために，金銭または便宜を図ることが違法とされる場合があります。したがって，たとえば海外での販売代理店に対して，売上を上げるために，顧客へのリベートや便宜を図ることを薦める，あるいは，そうした状況を容認するようなやり取りは，のちに，違法行為を認めていた証拠とされる可能性があります。

4 知的財産権の保護と相手方の知的財産権の尊重

　交渉において，特許，商標，ノウハウ等知的財産権に関わる情報を開示する場合があります。自社の知的財産権と同様に，交渉の相手方の知的財産権を尊重し，相手側の承諾なく，交渉の過程や結果で生み出された「成果物」を自らのもののように扱わないようにすることで，後日のトラブル回避につながります。これらは，交渉開始前に秘密保持契約を締結し，必要な条件を合意してから，具体的な情報開示を行うべきです。よく，交渉が先行してしまい，秘密保持契約の締結が後日にずれこむことがありますが，開示された情報の取扱いや，交渉の過程で発生した知的財産権の帰属をめぐって，後にトラブルとなるリスクがあります。また，交渉の際に，相互に開示される情報（データ，図面，企画，契約条件等）については，都度，秘密保持の対象であることを示すことも，有効な方法です。

5 安全に交渉を進めるために

　交渉の対象となる取引によって，注意するレベルは変わってきますが，基本的に法令違反となるような事項または脱法行為となるようなことを提案したり，合意したりするような内容の交渉は避けなければなりません。そのためには，以下のような点について注意が必要です。

(1) アジェンダの確認

　事前に，何について交渉をするのか，アジェンダ（議題）を確認し，法的に注意が必要な事項の有無を確認しましょう。

(2) 問題のある表現を避ける

　口頭，メールでのやり取り，議事録，交渉の場で配布される資料，プレゼンテーションチャート等において，違法行為に関する協議をしていると誤解されるような表現や，定義が曖昧な用語は避けましょう。たとえば，「競合の価格情報をゲットしましょう！」とメールでやり取りした場合，その価格情報が，実際に店頭で販売されている価格であれば，公知のものなので問題はありませんが，将来の価格に関する情報，あるいは，価格を構成する要素（仕入金額，原価率，ロジスティクス費用等）であれば，独占禁止法上違反とされる価格カルテルに関するやり取りを行ったと推定される可能性もあります。

(3) 必要なエビデンスを残す

　違法な行為を進めるための交渉をしているのではない，ということを示すためのエビデンスを残すことが必要です。議事録はもちろんのこと，メールのやり取りもエビデンスになりえます。

(4) 教育，トレーニングを行う

　交渉は，閉鎖的な場所で行われることが多く，第三者が見ているという感覚はあまりありません。そのため，ついつい，冗談めいたことや，事情を知らぬ第三者が見聞きした場合には，内容の違法性を疑われるような表現をしてしまいがちです。こうした点は，交渉に臨む担当者，責任者に対して，事前に十分な教育，トレーニングをしておくようにしましょう。

　教育，トレーニングに際しては，懸念がある場合には，職制を通じてその懸念について相談すること，直属の上司や部門内で相談しにくい場合には，法務部門の責任者，担当者または社内に設置されているホットラインへの通報でも構わないことを明確にしておきましょう。

　また，自社でいくら注意をしても，交渉の相手側から問題のある発言がなされることもあるでしょう。その場合には，丁寧な態度で，その発言には問題がある点を指摘，説明するようにすること，それにもかかわらず，その発言に関連した議論を相手方が進めようとした場合には，交渉をただちに中止し，その旨を法務部門の責任者等社内の適切なルートを通じて報告すべきであることも，徹底しておきましょう。

Part 2

実践編

第3章　ビジネスにおける交渉の基本
第4章　契約不履行時における交渉
第5章　債権保全・回収における交渉
第6章　企業買収，ジョイント・ベンチャーにおける交渉
第7章　紛争解決に関する交渉
第8章　国際取引における交渉
第9章　不祥事対応における交渉（コミュニケーション）
第10章　弁護士との交渉

第3章 ビジネスにおける交渉の基本

1 実践的な交渉の基本

　前半では，交渉に関する心構え，基本的な取り組みに対する考え方を述べました。交渉は，相手を言い負かすものではなく，また，決して難しいテクニックを駆使して行うものではなく，「ビジネスの合意に向けてのプロセス」の一つとして，相手側が何について関心や不安を抱いているのかを理解しようとする姿勢が大切であり，それは相手に対して敬意を払う，ということでした。

　しかし，交渉は相手のあることであり，なかなか，こちら側で想定した通りに物事は進みません。いくら，こちらが相手側に敬意を払っても，相手がそうでない場合もあります。また，ビジネスの様々な局面において，難しい内容の交渉を一気呵成に進めなければならなかったり，十分な準備ができず，徒手空拳に近い状態で交渉に臨まなければならない場合もあります。十分な準備と敬意，尊敬などと言ってはいられない場面もあることは事実です。

　実践編では，ビジネスの様々な局面で，皆さまが直面するであろうケースに応じて，私なりにどのように交渉を進めていくかについて述べます。もちろん，私の経験や知見をもとにしたお話なので，すべての局面，状況に当てはまるわけではありません。あくまでも，皆さんが難しいと思われる場面に遭遇した際に，進め方のヒントにして頂ければと思います。

なお，交渉の対象が，複雑で専門性の高い場合には，必ず，弁護士等社外の専門家の意見やアドバイスを受けるようにして下さい。また，当然ですが，交渉を進めるにあたっては，その進捗に応じて，社内の然るべき承認をとることも忘れないようにしましょう。

2 交渉のパターン

ビジネスにおいて，想定される交渉のパターンはいくつかに分類することできます。相手側の種類で分類すると以下のとおりとなります。

(1) 取引先との交渉
(2) 取引先以外のステークホルダー（主務官庁，消費者，各種団体等）との交渉

(1)取引先との交渉には，①取引先の営業部門との交渉，②営業部門＋法務部門の交渉，③営業部門＋法務部門＋弁護士との交渉があります。まれに，④取引先の営業部門，法務部門が登場せず，委任を受けた弁護士のみと交渉する場合もあります(紛争解決，和解交渉の場合：第7章参照)。

取引先との交渉においては，こちらから法務部門や弁護士が同席する場合と同席しない場合があります。

(2)取引先以外のステークホルダーとの交渉とは，たとえば，メーカーであれば，①製品を購入した消費者からの商品クレームへの対応が考えられます。また，直接取引関係にはたっていませんが，②サプライヤーの下請先や，③代理店が起用している二次代理店との交渉も考えられます。さらに，規制業種においては，④規制官庁との折衝というかたちで，交渉が行われる場合もあります。

交渉の内容によっても次のように分類されます。

(1) 前向きな案件に関する交渉
(2) 後ろ向きな案件に関する交渉

(1)は，新たにビジネスを作っていくための交渉で，お互いにある一定の目標をかかげて，いかに自社にとりベネフィットのある内容で合意するかを考えながら交渉していくものです。交渉の結果，得られる成果物としては，取引に関係する契約の締結がよい例でしょう。新たに，ビジネスを構築していく過程で行われる交渉になります。

一方，(2)については，ビジネスからの撤退，紛争解決や，債権保全・回収，トラブルや苦情，クレームへの対応といったマイナスの状況から，どうやって元の状態に戻すか，ということが重要になります。

3 何が最善の状態であるかを明確にする

(1) 交渉の目的・成果・条件・シナリオ

交渉の目的は，交渉当事者や交渉が行われる環境によって，様々なパターンが考えられますが，いずれの場合も，相手側との合意を目指すことには変わりはありません。しかし，合意形成を重視するあまり，不必要に妥協したり，安易に条件を相手側に有利なかたちで決着させることは，そもそものビジネスの目的や目指す到達点から外れてしまいます。

交渉の結果として得られる成果は，何が自社にとってベストの条件・状態なのかを明確に交渉の担当者は意識し，チームのなかで共有する必要があります。

「あまり，こちら側に有利な条件からスタートしても，相手はその条件で合意するはずもないし，交渉に時間がかかるだけだから，こちらで妥協できる範囲まで歩み寄ったところから条件交渉をしよう」と考えたくなる状況があるかもしれません。しかし交渉において，こちら側が条

件面で歩み寄ったところからスタートしているとは，相手側は理解しません。こちらが親切に歩み寄った条件は，相手側から見れば，こちら側にとって「最善の条件」にしか映りません。もしかしたら，歩み寄ったことは理解しているかもしれませんが，だからといって，相手側も歩み寄るようなことはしません。

交渉の実践においては，何がこちら側にとってベストな条件なのかを相手側に明確に示すところからスタートすべきなのです。と同時に，相手にとってのベストな条件は何かを，交渉の準備やシナリオ構築の段階で，収集した情報を駆使して想定し，交渉の初期段階でのやり取りを通じて，相手側の目指すところは何か，その背景には何があるのかを確認していくことで，当初準備したシナリオを修正していくのです。

一方で，いくらベストの条件といっても，非現実的な条件設定は，交渉を混乱させ，相手側との信頼関係を失う可能性があります。交渉は，ゲームではなく，双方にとって，あくまでもビジネスの目標達成のための合意形成のプロセスです。最善の条件の内容は，現実的で，十分に合理的な説明がつくものでなければ意味がありません。

交渉当事者として，交渉のシナリオを綿密に作り込む作業を通じて，交渉の様々な状況をあらかじめ何通りも想定することができ，交渉の実践において臨機応変に対応することが可能になります。

ただし，綿密な計画，段取り，シナリオを作り上げることは，それ自体はよいことですが，所詮，そのとおりに進むことは極めて少ない，という割り切りも必要です。シナリオとしての完璧さを目指すことはあまり必要ではなく，相手側と交渉する際に，可能な限り，切れ目なく対話していく「話のネタ」を整理するつもりで準備することが，より実践的な交渉の準備，ということになるでしょう。

何が最善の状態かについては，ビジネス部門との打合せの中で確認していくことがまず考えられます。交渉の結果が直接影響するビジネス部

門の意向を事前に確認することは大変に重要です。しかし，それ以上に重要なことは，法務部門として，いま一歩，ビジネスの観点から踏み出して，よりよい取引のストラクチャーや契約条件を考え，交渉に盛り込むことを提案し，企業理念，倫理行動規範，各種法令やガイドラインに矛盾していないことを確認することで，法務部門としての存在意義を高めることができます。

(2) 交渉のシミュレーション

具体的な交渉を開始する前に，ビジネス部門と法務部門との間で，交渉の方針や戦略を合意するために，ビジネスの目的達成にあたって，どのように物事を進めていくかのシミュレーションをしてみることは，非常に有益です。

A社が代理店候補の会社B社と販売代理店契約の条件について交渉するとしましょう。ビジネス部門は，B社のモチベーションを上げ，その能力を最大限に活用するために，そのためには独占的な販売代理店の権利を付与することが必要だと考えています。または，B社から，代理店を引き受けるのであれば，独占的な権利が欲しい，と主張される場合があります。独占的な権利としては，A社が，自社では販売しない，あるいは，B社以外に販売代理店を指名しない，といった内容が考えられます。A社としては，そのような独占権を与えるのはやむを得ないと考えるも，B社しか販路がないとした場合には，B社のパフォーマンスが悪ければ，他に販売する方法がなくなり，著しく不利益となる可能性があるので，B社がA社から年間で最低購入する数量を定めたいと考えています。また，B社には，A社製品の販売に注力してもらいたいので，A社と競合する会社の製品は扱って欲しくない，と考えています。

法務部門としては，ビジネスの戦略上，独占権を付与することが，A社製品の販売を最大化する手段なのであれば，それに異議を唱える必要

はありません。一方で，B社が所定のパフォーマンスを達成してもらわなければ，ビジネスの目的達成は望めないので，年間最低購入数量やビジネスの成長率をB社と合意しておく必要があると考えています。また，競合品の取り扱いについても同様です。しかし，B社が販売代理店として成果を出していくためには，時間がかかる可能性があります。短期間で，B社のパフォーマンスが悪ければ契約を解除することは，ビジネスの継続性の点から現実的ではないと考えます。また，すでに扱っている競合製品がある場合が，それらの取扱いをすべて直ちに禁止することは，B社のビジネスに及ぼす影響が大きすぎ，これも現実的な進め方ではないと考えます。

　そこで，法務部門としては，契約の目的は売上の極大化であり，独占的な販売権を付与するのであれば，①競合品の取扱いは禁止，ただし，契約締結以前に取り扱っていたものは継続可能，新たに扱う場合には，A社の事前同意が必要，②数値目標が一定期間連続して不達成の場合には，独占権から非独占権（A社で，直接販売あるいはA社はB社以外の第三者を代理店に指名できる）への転換を提案することができる，あるいは契約の更新はしない，といったルールを定めておくべき，とアドバイスすることになります。物事がうまく行かない場合，契約上，取引を終了することを定めたとしても，実際に，他の代替の代理店の指名，顧客の引き継ぎ等，直ちにできるものではなく，スムーズ等移行期間が必要となります。つまり，条件未達成＝契約の解除，終了という条件設定は，現実的でない場合があることを法務部門は十分に理解しなければならないでしょう。

　一方で，実務的な困難さを理由に，明確なルールを合意しないことは，B社のパフォーマンスがずるずると低いレベルで継続することになり，あたかもそれを容認したかのように理解されてしまうと，いざ，契約の内容を変更しようとしたり，契約を終了しようとした場合に，トラブル

になる可能性があります。

　実際には，取引関係を直ちに解消することは難しく，そのために，目標が達成されない状況がズルズルと続くことで問題が先送りとなり，のちにトラブルとなります。独占権を付与するのであれば，常に代替の代理店の検討はしておく必要があることをビジネス部門に伝えましょう。一方で独占権を付与した販売代理店に対しては，目標達成できなければ非独占的な販売権に「格下げ」されてしまう，という緊張感を持たせる効果があることもあわせて説明しましょう。

　交渉の進め方，話のまとめ方も大切なのですが，法務部門としては，交渉の中身について，少しでも自社の成長や業績に貢献するために，事前に様々な提案を行うことで，より中身の濃い交渉につながることになります。

　一方で，最善の条件だけでなく，何がボトムラインかの確認も必要です。どこまで譲歩できるかをビジネス部門と法務部門で最初の段階で共通認識を持つようにしましょう。また，妥協できる線を越えそうな場合，そこで交渉を打ち切るのか（＝ビジネス達成の目的を諦めるのか），あるいは別の取り組みをするのかも考えておきましょう。

　不十分，不満足な条件での締結した契約内容を，のちに改善する方向で変更することは，新たなバーゲニング・パワー（取引関係上，優位な立場に立つこと）を得ない限りは，極めて困難であると理解すべきです。「とりあえずやってみる」というのは，行動志向としてはよいのですが，後先を考えないその場限りの合意形成は，後々，禍根を残すこととなり，呪縛のように苦しめられる恐れがあります。

(3) まとめ

　ビジネスの交渉は，それぞれの当事者の抱える背景事情が複雑化することによって，単純な条件交渉でなく，相手側への深い理解が必要と

なってきています。相手側のステークホルダーを意識しながら，自社の置かれているビジネス上の環境を理解した上で，単に契約条件や契約書文言の法的なチェックのみならず，もう一歩踏み込んだアドバイスや解決策，あるいは相手側をどうやって説得するかのロジックを提示することができるかどうかが問われている時代にきていると感じています。

4 契約締結に至るまでの交渉

それでは，実践的な交渉とは何かを考えるために，契約締結に至るまでの交渉を例にして，一緒に考えていきましょう。

契約を締結するにあたっては，契約条件の確定→契約書ドラフト作成→ドラフト提示→交渉→合意→締結といった段階を経るのが通常です。

(1) 契約条件

契約条件は，①法的な条件と②ビジネス上の条件で構成されます。

① 法的な条件

法的な条件は，自社が契約上，どのような立場かによっておおよそ決まってきます。たとえば，単発の取引（いわゆるスポット取引）と継続取引などの違いによるものです。

継続取引を取り上げると，売買契約を結ぶ場合，売主か買主か立場によって，法律上確保しておかなければならない条件が異なります。売主の立場であれば，債権保全，回収に関わる条項（契約解除，期限の利益の喪失条項，遅延損害金等）や，天災地変等による契約履行の遅延や不履行について免責する不可抗力免責条項が必ず規定すべき条項です。買主であれば，売主が契約に基づかない不良品を引き渡した場合の対応，品質問題等を規定する条項を考える必要があります。

② ビジネス上の条件

　ビジネス上の条件を引き出すにあたっては，取引の内容，双方の立場を十分に理解することが基本となります。

> - ☑ 初めて取引を行う相手か，すでに取引実績がある相手か
> - ☑ 過去の取引実績，パフォーマンス
> - ☑ 今回交渉対象の契約に関わる取引の規模（年間取扱額，利益率）
> - ☑ 取引上，想定されるリスク
> - ☑ 取引開始までのリードタイム（すなわち，交渉に費やせる時間）
> - ☑ 自社内での意思決定プロセスとそれにかかる時間

　このうち，「自社内の意思決定プロセス」を確認しておくことは，非常に大切です。この契約締結について決定権のある決裁者は誰か，決裁にあたり審議を必要とする部署はどこか，ということの認識は，契約交渉結果から導き出された合意内容で決裁を取るにあたって重要です。大きな規模の会社であれば，当然，意思決定のプロセスは細かく規定されており，求められる様式も決まってきます。そうしたプロセスのなかで，社内の関係者が十分に理解できるような交渉結果を導き出すことを，常に念頭におきましょう。

(2) 契約のドラフト作成

　契約書のドラフト（草案）作成に関する注意点をいくつか述べておきます。

① 自社と相手側のどちらが作成するか

　ドラフトを自社で作るのか，相手側に作成してもらうのかは，取引内容の複雑さや取扱金額の多寡，あるいは双方が有している社内外のリソースによって決まってくる場合が多いです。後記（72頁）で述べますが，秘密保持のように典型的な取引に関しては，社内でドラフトが用意されている場合もあるでしょう。

　自社のドラフトで交渉を開始することは，自らの土俵で戦うことを意味し，相手側からの請求に応じた変更箇所にのみ集中して，交渉を進めればよいので有利です。一方，相手側が作成したドラフトを土台として交渉を行う場合は，相手側に有利な条件で構成されていることを常に念頭において，一つひとつの条項の内容に気を配る必要があります。

　自社のドラフトをそのまま提出して，相手側がすんなりと条件を受諾してくれるのが最もよいケースでしょう。しかし，実際には自社から提出したドラフトを相手側がそのまま受け入れることは，あまりないように思います。書式の内容が，あくまでも自社にとって最もよい条件で構成されているため，相手側から見れば，変更したい点や追加したい条件があるものだからです。

　そのため，「常に自社の書式やドラフトで交渉を進めるべきか」という問いに対しては，必ずしもそうとは限らないと考えます。

　早く契約を成立させ，取引を1日でも早く開始することが至上命題の場合は，相手側からドラフトを出してもらうことで，相手側の求める最大限の条件があらかじめ理解でき，どこで妥協すべきかの見極めがつきやすいからです。また，自社で作成されたドラフトを送ると，相手側で

の検討に時間がかかる可能性もあります。

　自社作成のドラフトで交渉を開始するほうが，交渉をリードしやすくなるという面はたしかにあります。ですが，迅速性や取引内容の複雑さ，自社に関するインパクトを考えて，相手側の作成したドラフトで交渉を行う，という判断も十分にありうることも念頭に置いておきましょう。

　以下では，取引の類型別に自社と相手のどちらがドラフトを作成することが多いかについて述べます。

■典型的な内容の取引の場合

　あまり例外的な事象が発生しにくく，典型的な内容の取引の場合，自社にその取引向けの書式があれば，それを前提に契約書のドラフトを作成し，相手側に提示することで，交渉をスタートすることができます。

　たとえば，相互に情報を交換し，お互いが受領した情報を秘密情報として第三者に相手側の許可なく開示しない，という秘密保持契約に関しては，取引経験が十分にある会社であれば，サンプルやひな型の書式を持っていることが多いでしょう。その場合，どちらからドラフトを作成，提示したとしても，交渉の焦点は「何が秘密情報か」ということになり，かつ，相互に情報を受領するタイプの取引では，双方の立場上の違いはあまりないといってよいでしょう。したがって，どちらの会社からドラフトを作成・提示してもあまり差異はない，ということになります。

■取引上の立場が明確な場合

　一方，売買契約，業務委託契約，請負契約，融資契約，債権保全に関する契約，担保設定契約等，取引上の立場がはっきりしている場合は，どちらからドラフトを出してもよい，という単純な話ではなくなってきます。

　売買や業務委託，請負といった取引においては，一方の当事者のバーゲニングパワーが強い場合をよく見かけます。そして，バーゲニングパワーが強い企業から，ドラフトを提示することが通常のように思います。

それは，取引対象が多いため，取引先の契約条件をできるだけ統一化して，取引状況を管理したいという思惑があるのでしょう。

ただし，バーゲニングパワーが弱いからといって，相手側の契約条件をすべて受け入れるわけにはいきません。したがって，バーゲニングパワーが弱い企業から，自らの権利を確保するために，先にドラフトを提示することもあります。あるいは，ほぼ対等の力関係の当事者間では，双方でドラフトとして各社の書式を出し合うこともあります。

② ドラフトにこそ時間をかけるべし

この入口の時点で時間を取られるのは，もったいないと思われがちですが，交渉において最も重要な，最初のポイントと言えるでしょう。

ドラフトを提示した側としては，相手がそのまま受け入れるとは思っていませんが，少なくとも，自分のよく知っている土俵で戦うことになり，何かと有利です。提示された側は，出された内容が，自社の書式とほぼ同じ内容であれば，それをベースに交渉を開始することは何ら問題はありません。ただし，自社の権利を確保するために，提示されたドラフトのどこを変更する必要があるのかは，注意深く検討する必要があります。

③ ドラフトで最低限チェックすべき事項

社内法務の仕事をしていると，よく遭遇するシチュエーションがあります。

■「大至急，この契約書を見て欲しい」

このようなリクエストがあっても，頭からすぐに読み始めてはいけません。少なくとも，次の点は確認すべきでしょう。

> - ☑ 当事者の関係，新規取引先か否か等
> - ☑ 契約書のドラフトは，どちらが作成したのか？
> - ☑ 「大至急」の理由

　送られてきた契約書を頭から読み込んでコメントを作成することは時間を費やせばできるでしょう。しかし，時間がないので，項目を絞って速やかにリスクを指摘してあげ，ビジネスを止めないように配慮してあげるべきです。

■「明日，相手方との交渉があるので，＊＊＊＊契約のひな型が欲しい」

　このようなリクエストがあった場合でも，慌ててひな型を渡すのではなく，落ち着いて，まずは下記の事項を確認しましょう。

> - ☑ 相手方の交渉は初めてか？　すでに継続している交渉の過程か？
> - ☑ 明日の交渉の目的は？　目指している結果は何か？
> - ☑ ひな型に記載されていないコマーシャルな条件はすでに合意されているのか？
> - ☑ 契約の締結予定日はいつか？　必要な社内承認は取れているのか？
> - ☑ 法務部の担当者が，明日の交渉に立ち会える可能性はあるか？

　たしかに適当なひな型をその場で渡せば，当座は営業部門で対応するので，法務部の負担は増えないでしょう。しかし，このようなシチュエーションは，将来交渉するかもしれない相手や取引先についての知識や情報を得るための絶好のチャンスです。うるさいやつだ，と嫌がられるかもしれませんが，そこは愛嬌で，できるだけビジネス上の背景を聞き出すようにしましょう。

(3) ドラフトを提出する場合の注意点

ドラフトを提出する場合には，それがドラフトであり，最終のプロポーザルではないことを明確に伝えましょう。よく，英文の契約書では，ドラフトに全ページに以下のようなフレーズを入れることがあります。

> *CONFIDENTIAL/DRAFT DISCUSSION PURPOSE ONLY/NOT FINAL*

また，数値，金額等について，埋めるべき情報はすべて入れた上で提出しましょう。

特に，電子メールに添付するかたちで，ドラフトを送付する場合，修正可能な電子ファイルだと，何をこちらが最初に送ったのか後にわからなくなる可能性があります。面倒でも，修正不可能な電子ファイルの形式で保存し，修正可能なファイルはあくまで作業用として送るようにしましょう。

(4) 実際の契約交渉の進め方

契約条件の交渉にあたっては，自社にとって最善の条件からスタートすべきですが，その条件については，相手側にとっても利益のある内容であることを丁寧に説明する必要があります。そのためには，直接，顔をあわせて交渉するのが有効でしょう。メールや電話では，こちら側の説明が十分に伝わらず，また，相手側の反応もよくわかりません。毎回でなくても，重要なポイントについて議論するときは，実際に顔をあわせて交渉するほうがよいでしょう。

交渉にあたっては，きちんと相手の目を観て話をすることが大切です。伏し目がちで話をすることや，尊大に構えて畳み掛けるような態度は，相手側にとっては「イヤな」気持ちになり，合意できるものもできなくなってしまう恐れがあります。

相手側が話をしている間は，途中で口を挟んで遮るのは，できるだけ避けましょう。時間が限られている場合は交渉の論点を絞るために，話を先に進めるよう促すことはありますが，基本的には，相手側にはできるだけ話をさせることがスムーズに交渉を進めるためには必要です。忍耐のいることではありますが，相手側が何を考え，何について心配し，どのようにこの交渉を持って行きたいのかを理解することから，ビジネスの合意形成に向けての交渉が始まります。

① 何が「心配事」なのかを明確にする

　契約の交渉においては，条文の一言一句を巡って，厳しいやり取りをすることはよくあります。

　契約書のドラフトをベースに交渉するなかで，相手側が「その条件は受け入れられない」と言われた場合には，必ず理由を問いただしましょう。受け入れを拒否するのは，おおよそ次の理由が考えられます。

> (a) 記載されている内容が理解できない，あるいは社内にうまく説明できない
> (b) 記載されている内容，条件が，交渉担当者の権限を越えている，あるいは新たな社内許可が必要である
> (c) 記載されている内容，条件を受諾すると相手側が第三者と締結している契約の違反となる，あるいは，コンプライアンス上の問題になる
> (d) そのような契約条件は受け入れたことがない受入れは社内ポリシーに反する

　(a) については，時間，手間をかけて丁寧に説明するしかありません。相手側の交渉窓口が営業部門のみの場合は，法務部門や弁護士の同席を求め，そちらに対して理解を求め，相手側社内に対して，こち

ら側が何を考えているのか，それは合理的な内容である旨を説明してもらう，という方法が考えられます。口頭での説明だけでなく，交渉担当者が社内あるいは外部の弁護士に相談しやすいように書面で意図を解説することも考えられます。

(b) については，取引の本来の目的に立ち戻って考えるようにしましょう。つまり，何について合意しなければならないのか，ということです。相手側の書式をもとに交渉していると，しばしば，交渉窓口の営業担当者が，契約書の変更事項について，相手側社内の法務その他の部門に相談することを嫌がっているとしか思えないときもあります。「直接，法務部門と話をさせてもらいたい」とお願いしても，「あくまでも営業部門がすべての交渉において責任窓口となる社内ルールなので」と断られ，一向に話が進まないこともあります。こうした場合は，相手側の交渉担当者には，誠に申し訳ないが，交渉の当事者のランクを上げて話を継続する，という方法が考えられます。

(c) については，相手側に契約違反を強いるようなことはできませんし，ましてや法に抵触する行為を促すのも問題です。たとえば，保有している情報が第三者からの秘密保持義務付で提供を受けているもので，その開示を求めることは，相手側と第三者との秘密保持義務違反になる可能性があり，こうした点を前提に取引の構造がくまれているのであれば，その構造そのものを見直す必要があります。

(d) もよくある話です。お互いのビジネスの成長のために取引を行うのであり，健全なビジネスの成長に資することが，社内ルールや社内ポリシーに反しているとは到底考えられません。契約の内容や取引のストラクチャーに誤解や，あるいはそもそも無理な（現実的でない）ものなのかもしれません。(a) や (b) の場合はと同様に，様々な角度からアプローチしていきましょう。

すべて丁寧に時間をかけて説明をすることで、ほぼ解決できます。提示した条件については、現在交渉の対象となっている契約の目的、双方の契約上の立場からみて、十分に合理的なものであることを、様々な角度から光をあてるか如く、説明を重ねていくことで、完璧とはいえないまでも、それにほぼ近いところ、あるいは予め想定していた落とし所におさまるものです。

② 交渉が阻害する要因を取り除く
(i) 認識が異なるときは仕切り直す

お互いに話が噛み合わない、ということはまれに起こります。このケースはやや深刻です。交渉の対象となっている契約についての理解が異なっていると、いつまで経っても議論にならず、入り口のところで右往左往するだけで、いたずらに時間がかかるだけになってしまいます。そもそもの考えが異なってしまう背景には、相手側が対象としている契約の内容や性質、目的についての理解が十分でなかったり、目指しているものがこちら側と共有されていないことが考えられます。あるいは、両社のトップの間では大枠だけが合意されており、実務部隊の間では、細かいところを詰めるあまり、しかし、お互いにビジネス上の関係を築き、進めていくという大枠では合意はされているのでしょう。

そのような状況で、交渉を無理に継続しても、お互い感情的になってしまったり、堂々巡りとなってしまうため、いったん、仕切り直しをすべきでしょう。

仕切り直しを行うためには、担当者レベルでは最早難しい場合は上長や意思決定者あるいはそれに準じる役職者の同席をお願いし、あわせて相手方担当者に対しても、同程度の役職者の同席を求めるのがよいでしょう。

(ⅱ) メールでのやり取りは注意深く

メールのやり取りをしながら交渉することは，交渉の履歴が残るという意味では大変便利です。しかし，便利な反面，情報漏えいのリスクや確認漏れが起こる可能性があることに注意しましょう。

たとえば，次のようなケースが考えられます。

> ◆ 社外の関係者とやり取りしているメールにもかかわらず，社内情報，特にまだ公開されていない情報や高度な機密情報をやり取りすることにより，漏えいのリスクが高まる，あるいは，交渉の戦略やシナリオが相手側に漏えいしてしまう
> ◆ 外部とのやり取りにおいて，不必要に社内の者を宛先またはコピー先に加えることで，扱われている情報のセンシティヴィティを理解せず，安易に転送したり引用されたりすることで情報の漏えいを招く

また，メールは簡単にコミュニケーションが取れる気軽さから，つい，不透明なあるいは不適切な表現を使ってしまう場合があります。たとえば，次のような表現です。

> ◆ これは，違法かもしれないが，みんなやっていることだ
> ◆ このメールは読後破棄するように
> ◆ 法務部に相談するとややこしくなるのでやめよう
> ◆ 社内ルール違反ではあるが会社のためだ
> ◆ ここだけの話
> ◆ 少々荒っぽくても構わないので，できることは何でもやれ
> ◆ 誰から聞いたとは言えないが，どうも＊＊＊＊らしい

これらは，事情を知らない第三者がみた場合，違法な（違法となる可能性のある）ことをあえて実行に移そうとしているように理解される恐

れがあります。あるいは，不正に営業秘密を取得しているように見えるかもしれません。

もちろん，メールには多くの会社の機密事項が含まれるものですが，だからこそ，記載内容，宛先，コピーの送信先をどうするのかはよく考える必要があります。

■議事録は有効に活用する

交渉の記録として議事録を作成することは，どこまで合意したのか，あるいは，合意に達していない部分は何か，合意できていない理由は何かが客観的にわかるので，相互にとって有益です（議事録については，第1章9「議事録の活用」（48頁）も参照して下さい）。

交渉途中であり，一致を見ない点が多数あっても何の問題もありません。また，会議の場では「合意」したかのような発言であり，議事録にもそのように記載があったとしても，諸般の事情を考慮し，やはり違う内容で合意したい，と「話が振り出しに戻る」ことがあってもおかしくはありません。最後に契約を締結し，有効に成立するまでは，お互いにベストの条件を求めて，交渉を重ねることは当たり前のことです。

では，議事録では最低限何を記載しておけばよいのでしょうか？　たとえば，下記の内容が網羅されていれば十分と言えるでしょう。

- ☑ 会議の日時，場所，参加者（役職名も）
- ☑ 会議のアジェンダ（何を話をしたか）
- ☑ 合意に至った点（もしあれば）
- ☑ 継続協議すべき点（もしあれば）
- ☑ 各当事者が次回の会議までにやるべき事項
- ☑ 次回の日時，場所

議事録をめぐってよくあるトラブルは，正式に契約としてコミットしたものではなく，あくまでも会議の時点での当事者の理解として発言し，

議事録に記載した事項が，あたかもそのような約束をしたという「言い掛かり」をつけられることです。そのため，議事録で「合意された事項」を記載する場合には，必ず条件をつけきましょう。たとえば，「合意事項は，会議の時点での当事者間の意図を確認したものであり，正式な契約締結に至るまでは，両者に法的拘束力を生じるものではない」といった記述をつけておくことで，「言い掛かり」の問題を避けることができます。

また，議事録に記載された内容は，非公開情報や社外秘の情報が含まれることがあり，議事録を相手側にメールで送信する際，議事録の内容も秘密保持の対象であることを明確に記しましょう。また，変更可能なテキストの状態では送らず，たとえば，テキストを変更できない画像形式のファイルで保存した上で送信するのがよいでしょう。

さらに，議事録はあくまでも社内的な文書として捉え，必ずしも相手側へのシェアが必要なわけではありません。どうしてもシェアしたいのであれば，交渉時に合意したと思われる内容，今後議論すべきポイント，今後のスケジュール位を箇条書きにして送るので十分です。議事録の内容や言葉をめぐって，延々とやり取りをすることに，あまり意味がありません。お互いに意識が異なる点については，次回の打合せで，そこから再確認をすればよいだけのことです。

■多数の取引先に同一条件での契約締結を求める場合

たとえば，原料や資材の供給取引に共通に適用される契約書を作成し，一斉に交渉を開始しなければならない場合があります。

複数の取引先と同種の取引を行う場合，取引先ごとに契約の内容が大きく異なっていると，契約上の権利・義務の関係を一元的に把握できず，トラブルがおきた際に，都度契約書に立ち戻って，どのような内容であったかを確認しなければなりません。そこで書式を作成し，その書式で契約を締結するようになれば，自社にとってベストの契約条件を一元

的に管理でき，万が一，トラブルがあった場合も素早く対応できます。また，統一書式をベースにして合意締結し，特約を追加契約として締結しておけば，追加契約のみを確認すればよいわけです。

しかし，取引先ごとに交渉を行うのは時間的にも労力の点でも非常に困難な場合があります。そこで，関係する取引先を一堂に集め，契約内容，契約締結する相互の利益について丁寧に説明をする場を設けることを考えてみましょう。

統一書式による契約をサプライヤーと締結する必要がある場合に，サプライヤーの営業担当者の方々に集まって頂き，統一的な内容の供給契約を締結する意義，必要性，相互にとって何が利益か，主要な条項の解説を実際に行ったことがあります。サプライヤーにとっては，皆同一条件での締結をオファーしていることが，実際に理解できるという利点もあったのではないか，と思います。ただし，やはり最終的には，各社ごとに交渉しなければならないのですが，説明会の場で出た数々の質問は，サプライヤーにとって，どのような点に関心があるのかを理解するよいヒントになり，その後の交渉に役に立ったという記憶があります。

(5) 合意から締結へ

条件面での合意がなされたら，速やかに契約の締結に向かう必要があります。時間を置くと，状況が変わり，交渉が蒸し返しになるのも困るのですが，その間，合意された条件に基づく取引を進めることが，契約が締結されていないことによって遅れてしまう，という問題があります。また，契約が締結されていないのに，現場での実務が先行してしまった場合，万が一，問題が生じた場合の解決のよりどころがない，ということになります。

秘密保持契約と意向書（Letter of Intent）についての交渉

(1) 秘密保持契約

　新たな取引についての交渉をする際に，すべてのケースにおいて事前に秘密保持契約の締結が必要となるわけではありません。ただし，契約の交渉過程においては，社外秘情報や，非公開情報が含まれることが想定される場合には，実際の交渉開始前に，秘密保持契約を締結するよう相手方に提案しましょう。これは，お互いに秘密とすべき情報の取り扱いについて，双方にとって利益のあることなので，契約の条件については，どちらかに一方的な有利な内容とすることは必要ありません。

　秘密保持契約では，対象とすべき情報の範囲，情報の使用目的，取り扱いの方法について定めることになりますが，つい忘れがちなことは，「当事者間で交渉を行っている」ことすら，秘密保持の対象とすべきケースがあることです。

　交渉の推移により，残念ながら取引を断念する場合があります。事前に秘密保持契約が締結されていないと，そうした情報が何らの制限もなく相手方に渡ってしまったという事象が残ることになり，お互いに不利益が生じる可能性があり，また，後日のトラブルの原因にもなります。また，企業提携やM＆Aのケースでは，非常にセンシティヴな内容の情報のやり取りが想定されるので，交渉開始前に秘密保持契約を締結することは，絶対に必要です。

(2) 意向書

　一方で，取引条件の交渉過程において，ある程度の合意が見られた場合には，最終的な合意でないにしても，当事者間で何らかの確認をしておきたい，ということもあります。途中段階での議論を整理し，お互いの共通理解と方向性について確認するために，意向書（Letter of Intent：LOI）を取り交すことがあります。意向書では，当事者間の一定の時点での理解を確認するものですが，お互いに法的拘束力を持たせない内容とするのが一般的です。したがって，その後の交渉で，前言を翻されてもクレームはできません。ただし，秘密保持と当事者間で行っている交渉と同内容の交渉を第三者とは行わないという独占交渉権についてのみ，法的拘束力を持たせ，合意することはあります。独占交渉権については，秘密保持契約においても，規定する場合があります。

第4章 契約不履行における交渉

契約締結後に，契約条件どおりに義務が履行されない場合，どのように交渉したらよいでしょうか？ 相手側に契約不履行があった場合と，自社に契約不履行があった場合，それぞれの交渉の注意点を述べることにしましょう。

なお，いかなる場合でも，何が契約不履行にあたるのか，契約不履行があった場合，どのような結果が引き起こされるのか（損害賠償請求，契約解除，期限の利益の喪失等）は，締結された契約書に立ち戻って考える必要があります。

また，契約不履行の原因が，自社が履行すべきことをしなかったことによるのか，それとも完全に相手側の事情によるのか，もしくは不可抗力事由の発生によるものか，実際の状況を正確に理解しておく必要があります。

1 相手側が契約不履行の場合の交渉

(1) 事実・経緯の把握

まず，事実関係を徹底的に調査しましょう。そのなかで，自社の義務の未履行が原因なのか，それとも相手方の事情によるものなのか，あるいは不可抗力事由の発生によるものなのかを明らかにする必要があります。

また，契約不履行の場合，契約上，どのような権利，回復措置が自社に与えられているかを確認します。契約書がない場合，もしくは契約書

があっても直面している問題について解決方法が規定されていない場合は，普段当事者がどのような実務に基づいているかを，関係部署にヒアリングしましょう。また，自社が履行すべきことを，履行していない状況がないかも，確認しておきましょう。

さて，相手方が契約不履行をしてきた場合，契約の条件にしたがって契約の履行を求める，あるいは，損害賠償請求や代替措置（売買契約であれば代替品との交換等）を求めることになります。相手方が，すんなりと要求に応じてくれるのならばよいですが，何らかの抵抗を示したときに，交渉が必要となります。

(2) 自社による義務の未履行が原因である場合

相手側の契約不履行の原因が，自社の義務が未履行である場合は，すみやかに自社の義務を履行した上で，相手側の契約履行を求めることになります。その際，相手側から追加費用や損害の賠償を求められた場合，慌てることなく，その根拠を求めましょう。

契約上に要請であれば対応せざるを得ませんが（そうしないと自社が契約違反となる），契約上，法律上の根拠なく，費用や損害賠償を求めてくる場合には要注意です。たとえば，①前任者からの約束事項だった，②先日なされた役員同士の話合いですでに合意がなされた，③こうしたケースでは損害や費用を補填するのが業界の慣習である，等の理由を挙げてくることがあります。特に，①前任者との約束や②トップ同士の話合いを引き合いに出してきた場合には，その場で軽率に判断するのではなく，いったん持ち帰り，社内で経緯や状況を確認したほうがよいでしょう。

また，相手側の契約不履行によって，自社にも費用や損害が発生している，またはその恐れのある場合には，明確にその旨を伝えましょう。安易に相手側の要求する費用や損害賠償と相殺する方向に話を誘導すべ

きではありません。事実関係が不明確となる可能性があるからです。まずは，事実関係を明確させるためには，相手側にできるだけ話をさせるよう対話を続けることが重要です。もし，契約外に，前任者や経営トップが約束したことを理由にするのであれば，メールや会議の議事録等，具体的な証拠を求めましょう。

　具体的な証拠はないが経営トップが約束した，と主張する根拠として「会社の取締役クラスが，直接そのような話をした」等と主張してくることが考えられます。持ち帰って，取締役に確認することもできますが「そのような発言」をしたかどうか，明確に否定する根拠は出てこない可能性があります。したがって，そうした主張をされた場合には「それだけ重要な内容であれば，なぜ契約書やそれに準ずるかたちで，法的な拘束力を持たせるような書面を残さなかったのですか？」と聞いてみましょう。会社にとって重要な事項であれば，契約書や覚書，合意書など後で法的な請求の根拠となる書類を作成するのが通常の実務であり，書面がないとすると，相手側にも請求の「決め手」がないことになります。

　契約不履行の状態については認めながら「もう少し待ってほしい」という要請が出される場合があります。これは，新たな申し出であり，受諾する義務はありません。ただし，受諾する場合，結局義務の履行がなされなかった上に「御社だって契約どおりに履行していない」と言われないようにしましょう。そのためには，自社の履行遅延で，相手側に予期せぬ追加費用や損害が発生していると分かった時点で，まず締結済みの契約に，履行遅延の際の措置が規定していないか確認し，定められていればそれに従います。そのような規定がない場合，相手側は，追加費用や損害の発生と自社の履行遅延の間に「相当因果関係」があること，および発生した費用の金額の合理性や妥当性，金額のエビデンスを示す必要があります（もし，相手側が被った損害や費用の支払いを求めて訴訟提起してきた場合）。したがって，安易に発生したと言われる費用や損害

を補填することなく，まずは事実関係をハッキリさせましょう．

(3) 相手側の事情による契約不履行の場合

　契約不履行が，全くの相手側の事情によるものであれば，自社としては契約の規定に基づき履行を請求します．その際，相手側が履行時期の先延ばしや，履行条件の緩和を求めてくる場合には，慎重に対応する必要があります．まず，相手側は取引先として中長期の関係を保持しなければならないかを見極める必要があります．

　関係維持の必要がなければ，条件緩和要請に応じる必要はありません．ただし，条件緩和に応じないと，契約の履行がなされず，その結果，契約の目的が達成されない場合には，緩和条件について受入れが可能かどうかを社内で検討します．ただし，検討するにしても十分な情報が必要です．相手方の交渉においては①なぜ履行が難しいのか，②条件を緩和すれば確実に履行できるのか，だけでなく，③条件を緩和することで，どのような利益があるのかを説明させることが必要です．

　その際，こちらからあまり細かい質問をするのではなく，最初の段階でできる限り，相手側に情報を出させるようにしましょう．こちらでも，いろいろ調べて判明していることもあるでしょうが，最初の段階で問い詰めるような話し方をすると，相手側は萎縮してしまい，条件の緩和が受け入れられないと早期に判断し，十分な情報を開示しない可能性があります．

　相手側契約不履行時の交渉においては，交渉相手の契約不履行を非難することが目的ではなく，できるだけこちらの考えている方向に誘導するよう，うまく対話していくことが必要です．時として，相手の無責任な言動に腹立たしく思うときもあるかもしれません．しかし，そこで怒りを発散させても，双方にとって益することはありません．

　また，相手側からの緩和条件を受け入れられるかどうか，だけでなく，

相手側が，取引関係を継続するに値するかどうかを判断することが，全体のリスクマネジメントの観点から重要です。

相手側から，支払うべき追加費用や損害については保険で対応したいので，保険会社と直接話をしてほしい，という要請がなされる場合があります。たしかに，最近は様々な保険があり，相手側としては保険金を使うことで，手元の資金はできるだけ減らしたくない，という事情は理解できます。協力することはやぶさかではありませんが，保険でカバーされない部分は払わなくてもよい，と理解されては困ります。保険会社との話合いに応じる大前提として，契約不履行の存在および相手側が負担すべき追加費用や損害額について争いのないことを書面で明確に確認しておきましょう。

(4) 交渉の進め方

それでは，相手側が契約の不履行を行った場合の進め方を以下にまとめます。

■契約にのっとって，要求事項を交渉する

相手の不履行を利用して，一方的な条件を突きつけることは，フェアなやり方ではなく，必ずどこかで無理が生じます。

■人格非難，強要，不合理な要求はしない

怒りに任せて強弁したところで，そのとおりに動くくらいなら，最初から不履行などしない，と割り切って考えましょう。

■相手の不履行によって，どんなインパクトがあるのか精査が必要

自社としても，追加費用や損害の発生を抑える努力をする必要があります。何もしないでいると，却って損害や問題が拡大する可能性があるからです。

■不履行状態解消のためのアクションを合意し，書面で確認

契約不履行の状況であることについ，双方の認識に齟齬がないように

書面化しておくことが望ましいです。会議の議事録，メールのやり取り等形式は問いません。録音，録画でも構いません。また，相手側の署名による確認が取れない場合でも，一方的に通知しておくことが，後の紛争解決手続において，不履行の存在を立証するのに役に立ちます。

■言い訳は一応聞く

　これが，最も大切です。言い訳のなかに，不履行状態解消のためのヒントが含まれている場合があるからです。また，相手側を開き直らせないようにするための，エモーショナル・マネジメント（情緒管理）も必要です。

■できるだけ相手に話をさせる

　なぜこうなったのか，どうしようと考えているのかについて，淡々と相手側からの話を促しましょう。

■損害，追加費用が発生している，あるいは，発生する可能性があることは伝える

　相手側の不履行または不履行と思われる事情で，損害や追加費用が発生している可能性があります。交渉を進めていくなかで，確かに相手側に非があり，その旨のエビデンスがある場合には，請求することが可能となります。実際に請求するのか，それとも，損害や追加費用の補償ではなく，別のかたちで解決することもあるでしょう。すぐには，どうするか決められなかったり，またはエビデンスが十分に揃っていない場合には，損害や追加費用の請求を行う可能性があることを口頭ないしは書面で伝えることは，請求権を放棄したとみなされることを避けるためには有益です。

2　自社が契約不履行の場合の交渉

　自社が契約不履行したことが明確な場合は，法律上，あるいは契約上

規定されているペナルティ，追加費用や損害賠償の負担には応じることが大前提になります。自社の不履行をなかったことにする交渉はできません。また，取引上の立場や優越的な地位を濫用するような，相手側に不利益を被らせる交渉もできません。

(1) どんな立場を取るべきか精査の上，見極める

　自社が契約不履行の場合も，契約上どのような立場になるか，交渉に入る前によく精査しておくことは，相手側不履行の場合と同じです。また，継続的に取引をしていく必要がある相手かどうかも，交渉に入る前に判断する必要があります。単発的な取引であれば（あからさまに契約違反の責任は取らないといった理不尽な態度は論外ですが），厳格に請求の根拠を求める姿勢でよいでしょう。一方，継続的な取引関係にあり，不履行事実によって，契約関係を終了させるべきでない，という考えであれば，あからさまに攻撃的な物言いではなく，継続を見据えた交渉のストーリーを作るようにしましょう。

　ただし，相手側から「そのぐらいはいいですよ。今回は『貸し』ということで」と，契約不履行の事実をなかったことにする，あるいは，その責任を問わない旨の申入れがあった場合には要注意です。

　自社の現場担当者は，自分のミスが大事にならずホッとするかもしれません。しかし，ここで相手の申入れに甘えると，次に相手側が不履行をした場合に，こちらからの請求や追及がしにくくなります。いわゆる「不透明な関係」に陥る恐れがあることを，想定しておきましょう。

　不履行の事実については，両者で明確に確認し，相手側が追加の履行や費用支払，損害賠償を求めない場合には，その旨を明確に書面で残しておく必要があります。この場合は，後日のトラブルを避けるために，メールではなく，できるだけ双方が署名または記名捺印するような方式で確認しましょう。

相手側が，契約で規定されている以上の費用や損害を請求してきた場合，請求額を妥当なレベルに落ち着かせる交渉が必要となります。全く根拠のない請求であれば，突っぱねても構いません。何なら訴えてもらっても構わない，という態度を示してもよいでしょう。訴訟での勝ち負けはともかく，訴えられた以上は対応せざるを得ず，そのためにはコストと時間がかかり，法的手続による解決は，双方にとって得策ではないことを根気よく説明し，請求金額に関する具体的なエビデンスを求め続けましょう。

　なお，契約不履行の事実が明らかな場合には，交渉に入る前にきちんとした謝罪が必要でしょう。交渉を円滑に進めるには，まずは迷惑をかけたことについての「丁寧なお詫び」をすることはビジネス上の儀礼にもかない，有効といえます。とはいえ，必要以上の謝罪は，過大な義務や負担を生じさせかねず，後日のトラブルの元になりかねません。常識の範囲内の謝罪で十分ですが，一方で，謝罪がなければ，後の交渉において相手側を感情的にさせてしまうので，大切なプロセスと言えます。

　たとえば，自社の契約不履行によって相手側に生じさせた損害を保険で求償できる場合があります。その場合，保険会社との契約に則り保険金の請求をすることになりますが，保険会社から保険金請求が適正なものか審査するためにエビデンスを求められることがあります。その中には，相手側の協力が必要なもの（書類等）があり，交渉においてそうした協力を取り付ける必要があるかもしれません。したがって，相手側と自社の契約不履行に関する交渉を行う場合，こちらから要求すべき論点を漏らさないよう，シナリオを（関係部署とも相談しながら）入念に準備しておくほうがよいでしょう。

　謝罪にあたっては，担当レベルで行い，然るべき段階で上位の役職者を同席させるという方法が一般的です。最初から，まだ十分に状況の把握がなされていないうちに，役職者に会わせてしまうと，その場であら

ぬコミットメントをしたり，実際の交渉担当者や窓口の者と話をしなくなり，その後の交渉に悪影響となる場合があります。

(2) 自社が契約不履行の場合の交渉の注意点

自社が契約不履行の場合における交渉は，以下の点を注意するようにしましょう。

■誠意を示す

あくまでも，契約不履行による契約上の責任は負うという姿勢を分かりやすく，丁寧に示す必要があります。開き直ったり，立場を利用して契約不履行の事実を否定するような行いは，後にトラブルを生む原因になります。また，礼儀正しい謝罪も円滑な交渉のためには効果的です。

■相手側の要求を理解する

相手側の要求が契約に基づくものか，法律上の権利かについてよく見極めます。処理を早めるためだけの目的で安易な解決は危険です。また，取引上の立場から，取引継続を求めるあまり理不尽な条件を受諾してはなりません。

■我慢する

相手側が感情的になって，契約不履行の事実を理由に責めてきても，決して「売り言葉に買い言葉」の状況にならないよう，感情をコントロールしましょう。感情的になっても，交渉上，プラスとなることは何もなく，かえって，揚げ足を取られる恐れがあります。また，意図的に相手側を怒らせるような，挑発的な物の言い方も慎むべきでしょう。

■普段からの関係が大切

普段からの信頼関係があれば，契約不履行における交渉も，理路整然と進んでいくものです。日々の取引において，誠実な対応を心がけるようにしましょう。

3 不可抗力事由が理由の場合の契約不履行における交渉

　不可抗力免責とは，天災等，当事者の責めに帰さない事由で，契約上の義務が履行できない場合には，当該当事者は，履行の責めを負わないというものです。契約の履行ができない理由が，予め契約書に明記されていれば，過失がないことを立証する必要がないのです。つまり，契約で，免責についての合意がない場合には，不可抗力に相当する事由が発生したからといって免責にはならず，過失がなかったことを立証しなければならなくなります。

　相手側が不可抗力免責を主張してきた場合には，まずは契約書にその旨の記載があるかどうかを確認する必要があります。該当する場合（不可抗力免責事由は，例示的に列記されている場合が多いので，同種同様の事由を含みます），契約不履行または契約の履行の遅れについては，責任がありません。

　しかしながら，お互いのビジネスの目的を達成するためには，そのような状況においても，どこまで損失や追加費用を縮減できるか，あるいは，もし調達に問題があるならば，代替の調達先を探すための協力を得ることができるか，といったことについて，相手側との話し合いを行うべきでしょう。不可抗力事由のインパクトにもよりますが，通常は，不可抗力事由が解消すれば，また取引を継続したい，と考えるでしょう。契約上，何ができるかを押さえつつ，現実的な解決の糸口を探す努力はすべきでしょう。

4 契約を終了する場合の交渉

(1) 契約終了のパターンと留意点

　ビジネス上の理由で契約を終了しなければならないことがあります。契約条件にしたがって終了の手続を進めればよいから，簡単なプロセスであると思いがちですが，いろいろと難解な場面が出てきます。

　契約の終了には，契約条件にもよりますが，おおよそ，①期間満了による終了と②期間中における中途解約の場合が考えられます。

　①期間満了による終了とは，契約で定められた期間の満了をもって契約が終了するものです。契約上，期間が日付で設定されている場合（たとえば，「本契約は契約書の日付より１年間有効とする」）は，いつ終了するのかが明確です。一方で，所定のパフォーマンス（たとえば「報告書を提出し，内容が確認されたとき」等）の完了をもって契約期間が終了するような契約では，何をもってパフォーマンスの完了とするのか明確な規定がないと，後日，契約の終了時期を巡ってトラブルとなる可能性があります。

　②中途解約とは，期間中であるが，契約当事者の一方から他方に対して，一定期間の通知（たとえば，中途解約の効力が生じる６カ月前等）を出して，その通知期間満了をもって契約が終了するものです。通知期間は，中途解約条項として契約時に当事者間で合意され，契約にその旨が明記されているのが通常です。中途解約条項がない場合，中途解約をしようと一方当事者が考えても，それは新たな契約条件の申込みとなるため，中途解約の合意が効力を発揮するためには，他方当事者の合意が必要となります。

　当事者双方に契約を継続していく意図があれば，契約の終了や中途解約の問題は生じません。また，双方ともに契約の終了について異議がな

ければ，スムーズに終了することができます。契約の終了が問題となるのは，どちらかの当事者は契約を終了したいが，他方が終了したくない，というケースです。

(2) 契約終了を望む背景

「終了したい」「終了したくない」と意図する背景は様々です。

たとえば，メーカーが製品販売のための代理店を指名しているとします。メーカーは，代理店のパフォーマンスに満足していません。メーカーからいろいろなサポート（販促活動の支援等）を行っていますが，代理店の販売実績は伸びず，競合企業にマーケットシェアを大きく取られています。したがって，もっと販売能力やネットワークのある代理店に乗り換えたい，あるいは，現在の代理店を通さず，直接販売したいという場合が考えられます。こうしたメーカーの意図に対して，販売代理店としては，メーカーの製品を市場での認知度を上げるために，販売促進のイベントを多数開催し，専用のスタッフを雇い教育する等，多額の投資を行っており，これらを回収してさらに利益を上げていくためには契約期間を伸ばす必要があるという意図があります。この場合，メーカーは早く終了したい，代理店はできるだけ伸ばしたい，というそれぞれの意図がかみ合わないところから，契約期間に関する交渉につながっていきます。

また，販売代理店としては，契約上，メーカーと競合する事業者の製品を扱えない（競合品の取扱い禁止）場合，契約を早く終了して，もっと利益率の高い競合品の取扱いをしたいと考えるかもしれません。一方で，メーカー側は，現在の代理店がもっとも販売ネットワークを持っており，このネットワークを通じて競合事業者製品の流通を許してしまうと，市場でのシェア獲得競争に大きく水をあけられる可能性が出てきます。そこで，販売代理店契約はできるだけ伸ばしておきたい，と考える

ことになります。こうした両当事者の思惑の違いから，契約期間の交渉につながっていく背景となります。

　いずれにしても，契約上どのような合意がなされているのかが，交渉の戦略を決める大前提となるので，契約における契約期間に関する条項や中途解約に関する条項の内容を精査しておきましょう。また，契約が終了となった場合，どのような事象が発生するのか，あるいは，双方にどのような義務が残るのかも確認しておきましょう。

　特に「自動更新条項」の内容に注意が必要です。自動更新の条件としては，契約の期間満了の一定期間前に意思表示することで，契約期間を同一条件でさらに一定期間継続する，あるいは，そうした意思表示がない場合には，同一条件で一定期間自動的に契約が更新される，という内容です。後者のように，通知により，自動更新を行わないタイプの合意には要注意です。契約期間の管理をきちんとしておかないと，更新を望んでいないにもかかわらず，知らずに契約が更新されてしまう場合があるからです。

　さらに，契約が終了した場合の措置に関連して，契約上には規定されていないが，相手側の協力を取り付ける必要のある事項がないか（あるいはそうした事項が発生する可能性があるか）を，交渉開始前に，十分にシミュレーションを行っておくことが，交渉を効果的に進めていくためには必要です。

　なお，細かいところですが，契約に重要な通知を行う場合の方法，宛先を特定する規定がある場合には，それにしたがった通知を発信することが大切です。契約上の規定に基づかない通知（たとえば電子メール）では，通知がなされたとは見なされず，後でトラブルになる可能性があります。

(3) 自社から契約を更新しない，または中途解約を行う際の注意点

■上長を連れて口頭で説明を行う

　さて，契約上の規定のスタディ終了後に，シミュレーションを行った上で，相手側に契約を終了する旨を伝えます。通知だけでは，紋切り型の内容となるために，相手側に寝耳の水となるので，口頭での説明を行うことが望ましいです。説明には，担当者だけでなく上位の役職者も同席することで，相手側に契約終了に関する意思決定がすでになされ，覆りそうにないと感じさせる効果があります。

■理由の伝え方

　契約を継続しない理由については，契約上，終了事由として規定されている事項以外について，あまり細かく具体的に説明をする必要はありません。むしろ，通常の取引関係のなかで，相手側に実践してほしいとの考えを表明したが，結局，コンセンサスが得られなかった事項や，契約期間の目的達成のための取組みに温度差があること等，いわゆる「方向性の違い」「これ以上一緒にやっていくメリットが見出せない」ということでよいでしょう。実は，契約関係を終了するのは，様々な背景や価値判断があり，それらのすべてを詳らかに説明することは，かえって相手側に一つひとつの理由に反論の余地を与えることになり，スムーズな交渉につながりません。

■補償などの要求に対するスタンス

　相手側が，契約の終了は致し方ないとして，一定期間の延長，終了に伴う何らかの補償を求めてきた場合には，言下にこれを否定せず，そうした要求の根拠，背景を丁寧に聞き出しましょう。もちろん契約上の補償の義務がないのであれば，要求に応じる必要はありません。しかし，相手側の話を理解するための努力を見せることは，相手側の感情をうまくコントロールするという意味からも有効です。特に，契約関係の終了

に伴い，何らかの引継事項がある場合，円滑な引継ぎを行わせるためのインセンティブとして，要求の一部または全部の受入れを検討することは十分に考えられることです。

■「弁護士に任せる」と言われた際

相手側が，契約の終了について納得せず，弁護士に対応を一任する等，態度を硬化させてしまったからといって，不必要な譲歩は禁物です。弁護士が交渉に入ってくるのであれば，契約上の規定や法律に沿った交渉ができる可能性があるので，むしろ状況としては好ましくなると考えるべきでしょう。

■現場レベルでの約束がないか確認する

交渉に入る前に確認しなければいけないことは，現場や担当のレベルで，相手側に何かをコミット（約束）をしてしまっている場合，あるいは，契約が終了すると分かっていながら相手側に過大な投資を求めるような言動やメール，書面がなかったどうかです。

たとえば，製造業者が下請業者に対して，製造に必要な設備についての投資を強く求め，投下資金の回収は，ある程度の長期間にわたって，下請代金のなかに織り込ませて支払うという合意をしていたような場合です。こうした合意が書面で残っていれば，一方的な契約の終了や更新しないことは，相手側にとって投下資金の回収手段がなくなるので，かなり強硬に補償を求めてくることになります。そもそも，そうした合意は，契約の重要な要素を構成するものなので，投下資金の回収が終わる前に，契約が終了または中途解約された場合にどうするか，という合意もあわせて契約上に明記されている必要があります。しかしながら，そうした条件が担当者や現場レベルでの合意というよりは，お互いの曖昧な共通の認識で進められ，何らの書面も残っていない，あるいは，担当者の移動・退職，不十分な引継等により，当時どのような内容の話がなされたかはっきりしないケースもあります。

どのような合意があったか，はっきりしない場合には，相手側の説明を鵜呑みにするのではなく，そもそも設備投資は自社からの要請なのか，また投下資金の回収は下請代金に織り込んで支払う合意がどのようになされたのか等についての詳細なエビデンスを，相手側に求めましょう。

また，自社内においても，そうした事情を誰がどこまで把握していたかを含め，再度調査することも必要になります。エビデンスの内容と，スムーズに解決するという時間的制約の状況を考慮して，ある程度の妥協をするかどうかの判断が必要になります。

いずれにしても，自社側に情報やエビデンスがきちんと残されていない以上，相手側に情報を出させるために，対話を続けることが必要となります。また，最終的には訴訟になる可能性もあるので，相手側とのやり取りは，逐一記録を取っておきましょう。

■交渉時の注意事項

契約終了または中途解約に関する交渉について，念頭におくべき点を以下のとおりまとめてみました。

(i) いきなり「別れ話」をしない

そもそも，いきなり契約の終了や中途解約の話を持ち出すから，揉め事になるのです。日々のやり取りを通じて，やはり終了はやむを得ないかと思わせる段取りを組むことがスムーズな交渉につながります。

(ii) きちんと説明する

契約を更新しない，あるいは中途解約することについて，紳士的な態度で丁寧に説明するよう心がけましょう。

(iii) 安易に補償はしない，余計な期待をさせない

シビアな議論を避けるために，安易に譲歩や，補償についての約束をしないようにしましょう。相手側の要求が合理的にみて，自社が負担せざるを得ないものかどうかをあらゆる角度から検討，確認しましょう。

(iv) 「昔話」が始まったら契約書に戻る

　常に，契約に規定されている条件にしたがって，考え，発言するようにしましょう。また，過去のやり取りを巡って，話を蒸し返されることがあります。契約に規定されていない事項について要求があった場合でも，それに応じる義務が契約にはないことを念頭に起き，安易に受諾しないようにしましょう。

(v) どんなに非難されても言い返さない

　時には，相手側が感情的になり，契約の不更新や中途解約の判断を厳しく非難してくる場合がありますが，ここはひたすら我慢しましょう。一緒に感情的になって言い合いになってしまうと，その後交渉で本来合意しなければいけない事項に辿り着かず，結果的に不利益となります。

(vi) 結論を変えない

　いろいろと譲歩すべき点は出てくるかもしれませんが，契約を更新しない，中途解約するという結論は絶対に動かさないようにしましょう。結論に触れる部分で，「持ち帰り検討する」という物言いは，相手側に不要な期待を抱かせることになり，その後，交渉がこじれる原因の一つとなります。

(vii) 時間をおく

　契約の終了についての交渉は，相手が感情的になったり，これまでの不満を爆発させるということもあり，一回でスムーズには終わらないことが多いです。そうした場合に，無理に話を纏めようとせず，スケジュールが許す範囲内で少し時間をおく，ということも，結果的に交渉をスムーズに進めて決着をさせるための有効な手段と言えます。

(4) 相手側から，契約の不更新，中途解約の通知があった場合の対応

　まず，通知の方式・内容が，契約に規定されている条件に則っているかどうかを直ちに確認しましょう。正式な方式での通知でなければ，通知の効力が生じていないことを伝えると同時に，通知を発信した理由や背景について，相手側から直接話を聞くようにしましょう。

　契約の終了や中途解約において，通知された側が補償を求める権利が規定されている場合には，何について，いくらの補償を求めるのか，これも直ちに計算しましょう。ただし，契約の継続が自社の意図であれば，すぐに請求書を送るようなことはせず，その補償金額を示しながら，何とか契約の継続ができないか誠意をもって話をしましょう。

　なお，通知を出してきている以上，すでに相手側の「こころ」は離れてしまっていると見てよいでしょう。契約の継続をあまりに求めると，新たな条件に提示されてしまう可能性があります。不要な譲歩は，自社の利益になりません。「深追いは禁物」であることを常に意識していましょう。

(5) 条件交渉の方法としての終了通知

　現状の取引条件では，十分にビジネスの目的を達成することができず，取引関係はすぐには終了する意図はないものの，条件を改善するために交渉をしてみたい，と考える場面があります。

　たとえば，契約期間が2年であり，不更新の場合の通知期間は期間満了の1年前，更新は同条件で2年間となっていたとします。

　期間満了の1年前のタイミングが迫っているときに，更新した場合の契約条件の変更について，交渉を持ちかけたいと考えるのであれば，とりあえず，不更新の通知を出し，その上で条件変更について交渉するという進め方を検討しましょう。通知が出されれば，残り1年間で契約は

終了します。もし，通知を出さないとすると，残り1年間に加えて更新期間2年間も現在の不満足な条件を甘受し続けなければなりません。通知を出してしまえば，最悪1年間で不満足な条件での契約関係は終了します。

　一方で，相手側が契約関係そのものは継続したい，という意思が働いているのであれば，通知を出すことは，交渉上自社にとって有利に働きます。相手側は，条件変更か契約の終了の二者択一を迫られるからです。もし，条件変更に合意できれば，通知を撤回するかわりに，新しい条件での契約締結を求めればよいのです。

　ただし，通知の内容は，「更新せず」という，木で鼻をくくったような内容ではなく，「お互いが，この厳しい競争環境のなかで，より成長していくために，新たな取り組みや条件について，期間満了後6カ月をめどに，誠実に協議を進めたい」といったような内容を丁寧なかたちで加えると，こちらの意向が相手側に伝わりやすくなります。相手側が，契約の更新を望んでいるのであれば，同条件で期間満了後6カ月であっても延長されるのであれば，反論はしてこないでしょう。その6カ月間の期間を使って，相手側を交渉のテーブルにのせることができるのです。

　また，残念ながら新しい条件が合意できない場合に備えて，代替の取引先を検討する，といったことも必要でしょう。あるいは，代替の取引先がすぐには見つかりそうにない場合は，期間を1年ごとあるいは半年ごとに区切って，条件交渉を続けるという方法も考えられます。

Column コラム

契約書がない場合の交渉

　契約書が締結されれば，契約書の規定に基づいて，取引を進め，取引上問題が生じた場合には，契約条件にしたがって，解決することになります。

　ところが，往々にして，契約書を締結せずに取引を行う場合があります。長い取引関係を前提に，お互いの信頼を根拠として，何か問題があれば常に話し合いで，上手に解決してきたという例も数多くみられます。

　契約は口頭でも成立しますので，取引において，契約書が存在しない，ということはよくある話です。単純な売買で，金額も少なく，1回きりの取引であれば，それほど大きな問題にはならないかもしれません。

　しかしながら，いつも，お互いに友好的に解決できるわけではなく，また，万が一，訴訟となった場合，取引の基本条件を明記してある契約書がないと，権利の存在や義務の範囲を説明し，立証するのは，事実関係の積み重ねを行うしかありません。それは，大変に時間を取られる作業であり，また，積み重ねる事実が不十分であれば，客観的な立場で事実を見る裁判官を納得させることができない可能性があります。

　したがって，ビジネスにおいては，取引条件や紛争解決に関するルールについて契約を書面で締結しておくべきなのですが，いろいろな事情で契約書が存在しない場合もあります。そうした場合であっても，取引上の重要な事項についての処理や，クレームの処理，契約の終了や解除といった局面において，自社の権利を守るために，交渉をしなければならないこともあります。そこで，契約書が存在しない場合の交渉の進め方について，次のような方法を試してみましょう。

取引開始当初の当事者の関係に立ち戻る

　契約書が存在しないことは，契約が存在しないことと同じ意味ではありません。まず，そもそも当事者間の関係は何であったのかに立ち戻って考えてみることが，解決に向けての交渉の糸口になります。相手側と継続的に取引をしていきたいのであれば，とにかく話合いの場を持つことにしましょう。その際，契約書がないことにより，現在懸案となっている問題の解決は，あくまでお互

いの合意がなければ進まないことを丁寧に説明しましょう。また,「合意」とは,自らの希望を一方的に押し通すことではなく,双方にとってメリットがあることを,具体的に理解できるように話を継続することを試してみましょう。

新たに書面で契約を締結することを提案する

契約書が存在しないのですから,新規に書面での契約締結を提案しましょう。これまでの取引内容,トラブルになったときの対応等を両者で振り返ってみましょう。当事者間で異議がない事項は何か,理解に齟齬がある事項は何かを丹念に確認していくのです。当然,お互いに合意していたと思ってたいた点が,実はそうではなかったということが判明したりますが,それは,紛争時に初めてそうしたことが明らかになるよりは,はるかによいのです。

弁護士を交えて話をする

議論を冷静に進めるためには,双方代理人の弁護士を指名し,法律論を含め,弁護士同士で話を進めるという方法が考えられます。当事者だけでは,議論が感情的になったり,堂々巡りをしたりすることがあり,代理人が入ることによって,冷静に交渉を進めることができます。

民事調停を申し立てる

客観的な第三者が入って紛争解決を行う「民事調停」を申し立てることを,提案することも可能です。民事調停は,一般市民から選ばれた調停委員が裁判官とともに,当事者間の紛争解決にあたるもので,訴訟に比較費用も安く,またおおよそ3カ月以内で手続が終了すると言われています。

調停手続では,双方の言い分を聞き,妥当な解決策に向けての第三者としての見解や,解決方法の提案を行います。裁判官もメンバーに入っていますので,法律的に見て合理的でない結論には至りません。調停手続によって,第三者が当事者間の争いをどのように見ているかがわかり,当事者双方が冷静になって解決に向けて考えることが期待できます。もちろん,調停において提案された解決策に応じる義務はありませんが,その場合には訴訟しか解決の道は残されていません。

また,調停で合意が成立した場合,調停調書という文書が作成されます。これは,公正証書と同じように判決と同等の効力が持つものです。また,裁判所が,双方の議論,調停委員の意見をきいて,解決のための決定を行う場合があ

ります（調停に代わる決定）。この決定にも，従う義務はありませんが，裁判官が決定した内容には，それなりの合理性があると考えてよいでしょう。交渉は，当事者間のみで行うものではなく，第三者を巻き込む，公的手続を利用するといったことも視野に入れて，交渉の戦略を立てることが必要です。

契約書を紛失した場合の対応

　交渉において，契約書の原本が見あたらないことに気がついた場合，どうしたらよいでしょう？

　すでに，締結済みの契約であれば，契約書原本が見あたらないことによって，契約の効力が失われるわけではありません。締結済みの契約書のコピーがあれば，交渉においては十分です。したがって，社内でコピーがないかどうかを探してみましょう。

　また，あまり格好はよくはありませんが，相手方からコピーをもらう，という方法もあります。

第5章 債権保全・回収における交渉

1 債務者の協力が交渉のポイント

　債権保全とは，相手方（債務者）に対して請求できる金銭債権が，期日どおりに全額支払われるよう，あるいは，期日どおりに支払われなかった金銭債権を確実に回収するための措置を講じることを言います。債権回収とは，まさに期日が到来している，あるいは期日がすでに過ぎてしまっている金銭債権を速やかに全額回収する行為をいいます。

　平常時においては，期日どおりに入金があったかの確認で足りますが，期日通りに支払われない，または，期日どおりに支払われなさそうにない事情（信用不安）が発生した場合，債務者も資金繰りに精一杯であったり，多数の債権者や銀行，場合によっては，よくない筋からの借入等への対応に追われているかもしれず，契約に関する交渉とは異なり，債務者はいとも簡単に態度を硬化させたり，話合いのテーブルにつかない，といった状況にあります。

　債権保全や回収の現場において交渉が必要となる場面では，いかに債務者に支払ってもらうよう働きかけるかが交渉のポイントになります。本章では，金銭を請求する者を債権者，支払義務がある者を債務者と言います。効果的，効率的な債権回収を行うためには，債務者協力が必要です。「いかに債務者の協力を得るか」が債権回収の交渉においては重要です。最初から敵対モードで臨むことは，かえって債務者の態度を硬化させます。

交渉全般に言えることでもありますが，特に債権回収の場合にはおいて，債権者が取るべき態度は次のとおりです。

> ◆ 常に礼儀正しく接する
> ◆ 感情的にならない
> ◆ 相手の話に，不正確なところや「嘘」があっても，都度指摘しない，揚げ足を取らない
> ◆ 相手の愚痴・言い訳を聞く
> ◆ 常に契約内容または合意された内容に戻りながら話す

　また，債務者との交渉の前に，債務者の概況（所在地，役員構成等商業登記簿謄本，あるいは信用調書で得られる程度の情報），取引の詳細，債務者との債権債務残高の金額，内容，過去のトラブルや支払ぶり，担保・保証取得の有無や現在の担保価値，といった情報を事前に整理し把握しておくことが効率的に交渉を進めるためには大切です。

2 平常時における回収交渉

　平常時とは，債務者が倒産や資金繰りが逼迫している等の危機が差し迫っていない状況を指します。このような状況においては，期日どおりに支払わない理由を早く確定する必要があります。理由は様々ですが，たとえば売買取引であれば，引き渡したものに瑕疵がある，あるいは，サービスを提供する取引であれば，合意されたサービスレベルに達していない（つまり，サービスの内容が気に入らない）といったことを理由に支払を渋る，あるいは，支払金額の減額を要求してくることがあります。この時点で，債務者の信用状態が危機的かどうかまでは分かりにくいため，直ちに訴訟を提起したり，債権回収・保全のためのアクションを取ることは得策ではないでしょう。

まずは，債務者が支払を拒む（あるいは減額を求めてくる）根拠，理由を全て出させるように話をしましょう。中には，理由にならないような「理由」も出てくるかもしれませんが，そこは我慢のしどころです。こちらが怒ったり，感情的になってしまっては，対話が続かず，解決のきっかけを失いかねません。

　理由が全て提示されたら，まずは社内で，契約内容と実際のやり取りを辿りながら丹念にその理由を確認していきましょう。また，「契約書ではどう書いてあるかは知らないが，実際，現場ではこのようにやっていた」等，契約条件と実務が乖離していた点がないかどうかも注意深く確認しましょう。特に，長期間の取引関係にある場合，いつのまにか契約書で合意された条件の存在が忘れ去られ，あるいは，契約締結当初は想定していなかった取引内容の変化があり，現場担当者間で「新たなルール」が作られていることは，よくあることだと思ったほうがよいでしょう。

　さて，契約内容と事実確認の照合が終わったら，債務者として，債権者への支払を拒む合理的な理由がないかどうかを検証しましょう。理由がないならば，契約条件に基づいて，支払を求めればよいのです。理由がある場合であっても，そのことをなぜ合意書のかたちで確認しなかったのか，という点を取り上げて，双方注意を怠った，という痛み分けの状況に持ち込めるよう，丁寧に話を継続することが大切です。債権者側に減額されるべき合理的な理由があり，それが書面等，エビデンス残されている場合は，潔く非を認める必要があります。当事者の取引関係を盾にとり，優越的な立場にあることを理由に，減額を認めない姿勢は，後に訴訟等のトラブルに発展する場合があるので，注意が必要です。

　なお，債務者が，今後も継続的に取引していかねばならない相手なのか，最悪「喧嘩別れ」してもやむを得ない相手なのかの見極めは，最初にしておくべきです。「喧嘩別れ」してもよい相手に対して，丁寧に時

間を交渉することも大切ではありますが，限られたリソースや時間，あるいは費用をかけてビジネスを行っている以上，今後の関係継続が必要でない相手に対しては，一段厳しい措置を講じる方向に進むことも検討すべきでしょう。

3 信用不安情報の真偽を確かめる交渉

　営業活動を行っていると，取引先に関する様々な情報に接します。中には，信用状態の悪化や契約上のパフォーマンスに悪影響を及ぼすような事象に関する情報が入ってくることもあります。債権者としては，売掛債権等がきちんと回収されるか気になりますし，そうした信用不安（かもしれない）情報を入手した以上，これ以上債権金額を増やしたくない，あるいは，今ある債権金額をできるだけ減らしたいと考えるのは当然です。

　たとえば，1週間後に1,000万円分の出荷を控えている場合，債務者の信用不安に関すると思われる情報を入手した場合，できるだけ出荷したくないと営業部門から相談を受けたとしましょう。契約上，出荷・引渡の義務があるにもかかわらず，「信用不安状態らしい」という不確かな情報だけでは，出荷しない合理的な理由があるとは言えず，契約違反だと言われ，被った損害を請求されることになるかもしれません。

　そこで，債務者の信用状態に関する不安情報を入手した場合，その真偽を債務者に確認するための交渉が必要となります。この交渉は，お互い何かの合意達成のために行うものではありませんが，今後の取引関係の継続や，債権回収アクションを直ちに取る必要があるかどうかを決定する大事な局面における交渉と捉えましょう。

　信用不安情報の真偽確認にあたっては，事前に以下の点を調べておきましょう。

- ☑ 情報源，入手経路，入手内容，情報提供者等の確認
- ☑ 複数の同内容の情報が入ってきているか
- ☑ マスコミ報道，インターネット等の風評に関する情報の確認
- ☑ 信用調書の取得
- ☑ 会社の商業登記簿謄本
- ☑ （不動産担保を取得している場合）不動産登記簿謄本

　上記の情報が揃い，内容確認ができたら，債務者に面談を申し込みます。その際，営業担当者から申込みを入れるほうがよいでしょう。また，面談の際には，営業担当者には必ず同席してもらうべきです。法務部門や審査部門の者が，単独でいきなり訪問すると，必要以上に疑念を抱かれ，態度を硬化させる恐れがあります。できるだけ話しやすい雰囲気を作るために，事前に営業担当者と話の流れについて打合せをしておくことが望ましいです。

　実際の面談の際も，メインスピーカーは債務者が話し慣れている営業担当者がよいでしょう。もちろん，シナリオを作るのは法務部門や審査部門の者です。また，面談する相手は，できるだけ地位の高い役職者のほうがよいでしょう。

　面談においては，最近のビジネスの動向から入るようにしましょう。債務者側に，マーケットの状況，景気についての見立てや，他の取引先との取引状況等の話をしてもらいましょう。その後に，債務者の短期的な状況や中長期的な戦略やアクション等を聞いてみましょう。直近の状況について，あやふやな発言であったり，具体性のない説明であれば，できるだけ具体的に説明してもらうよう促しましょう。

　たとえば，大手メーカーと新しい「基本契約」を締結したことを業績向上の原因にあげてきた場合，「では個別の発注は，いつから，どの位の規模になりますか？」といった問いかけを，さりげなくしてみましょ

う。もちろん，当該取引先との間での秘密保持契約で開示できないこともあるので，あまり無理強いはできません。

　また，自社との取引状況において何か問題となる点はないかも，さりげなく話題にしましょう。

　自社への支払が問題ないかどうかを示すための資金繰りについての説明を求めることは，何らおかしいことではありません。「根も葉もない噂だとは思いますが，御社の信用状況について否定的な情報が出回っています。弊社としては，御社の支払能力を疑うわけではないのだが，こういった情報が複数のルートから入手しているので，どういう状況であるのか説明をお願いしたい」と丁寧に話しましょう。当然，情報入手の経路を明かすことはできません。こうした問いかけに対して，具体的でなく，曖昧で抽象的な内容の説明であったり，感情的なったり，激昂したりするようであれば，要注意でしょう。

　万が一，信用不安情報が正しいとして，具体的にどのようなアクションに繋げるかを判断するためにも，できるだけ債務者に情報を提供してもらうよう対話を続けることが必要です。そうした対話を通じて，債務者には，少しでも自社の債務を減らすことが状況を改善する方法であることを，丁寧に説明し，債権者として抱える債権を少しでも減らすようにしましょう。たとえば，翌週出荷予定のものがあれば，出荷量を減らす，売買契約を合意で解約する，支払を保全するために，担保や保証を差し入れてもらう，といった提案も対話のなかで織り交ぜていきましょう。

　信用不安情報の真偽を確認する途中で，債務者が「実は経営が行き詰まり，重要書類や印鑑はすべて顧問弁護士のところに預けてあり，何もするなと言われている」と正直に状況を債務者が説明した場合であっても，上記のように債権を減らすための合意形成に向けての対話を継続しましょう。

状況として，破産等の法的手続に入っていないようであれば，取引について会社を代表して行う権限は代表取締役が持っています。また，文書で合意事項を確認する際に，代表者印がなくても，自署で法律上は十分なのです。署名が取れ次第，その日に文書が存在したことを示す確定日付を公証人役場で取っておきましょう。また，面談時に債権者・債務者間で，債権債務金額について理解の不一致がないよう残高確認書を作成し，債務者に自署または代表者印で押印してもらい，証拠能力を高めるために，公証人役場にて確定日付を取得しましょう。

4 交渉のツールとして「情に訴える」

債権保全や回収のための交渉は，お互い厳しい状況にあるなかで行われるものであり，双方にとって，決して前向きな内容にはなりません。そういった状況の中で，債務者から少しでも譲歩を引き出し，債権回収への協力を取り付けるために，これまでの取引関係を振り返り，お互いに助けあってきたことを思い出させることも，「交渉」のツールとしては有効な場合があります。

いわゆる「情に訴える」ということですが，真面目な債務者であれば，「債権者には迷惑をかけたくない」という思いから，債権者側の提案を受諾する可能性があります。ただし，あくまでも，公平性（fairness：フェアネス）の観点は失わないよう，話をすることが大切です。特定の債権者のために，他の債権者を害するような行為は，詐害行為取消権や倒産手続における否認権の行使対象となり，他債権者や管財人から訴訟やクレームの対象となる可能性があることも十分に念頭におくようにしましょう。

5 支払猶予要請への対応

　債務者が，期日どおりの支払ができず，支払期日の繰延べを要請してくる場合があります。大変判断が難しい事態だと考えてよいでしょう。要請を受諾するかどうかにあたっては，以下の点を検討する必要があります。

> ☑ 取引継続の必要性
> ☑ 要請の対照である債権が手形債権かどうかの確認
> ☑ 猶予要請に応じた場合の経営再建の可能性
> ☑ 他債権者の動向
> ☑ 猶予された債権に対する保全措置の可能性

　猶予要請があったときが，情報を入手する唯一のチャンスと考えましょう。債務者との過去の取引関係や現在の債権債務金額のポジションや，担保・保証取得の有無やその価値といった基本情報を，社内で押さえておくことが，まずは必要です。さらに，支払猶予が全債権者（金融機関を含む）に向けてなされているかの確認も必要です。特定の債権者（または債権者集団）が，全体のシナリオを作り，他の債権者のみに，猶予の支援要請を出している可能性もあります。その場合には，裏に隠れている債権者（または債権者集団）を引っ張り出して，一緒に債権回収の枠組みに入れることが，支払猶予要請を検討する大前提であることを伝えましょう。

　猶予要請に応じるかどうか，あるいは，他の債権者に歩調を合わせるかどうかは，全く自由に意思決定できます。したがって，十分な担保や保証，債権額が少額である場合等，あえて支払猶予要請に応じる必要がない場合もあります。

また，猶予要請の対象となっている債権が手形債権の場合は，もし手形が期日どおり決済されなければ，不渡処分となり，債務者の信用状態に著しく悪影響を与えることになるので，手形債権だけは何とか不渡にならぬように債務者側も努力するはずです。一方で，手形債権であっても，どうにもならない，ということであれば，事態はかなり深刻であり，直ちに債権の保全，回収の措置を講じることになります。

6 私的整理（任意整理）への対応

破産や会社更生，民事再生といった法的手続ではなく，一部債権者が主導して，債務者の再生を図る私的整理（任意整理）という手続があります。特に，裁判所が関与する手続ではなく，債権者と債務者の一種の集団的和解契約のようなものです。私的整理は当事者の数が少なく，債権者・債務者間の意思の疎通が十分にでき，かつ合意した内容を公正証書等で保全することができれば，それなりの効果はあるでしょう。

しかし，一部債権者が，事件屋または整理屋といった他の債権者を出し抜いて，債務者の資産を食い潰そうと主導する手続は，とても適正と言えるような代物ではありません。また，こうした事件屋や整理屋は，反社会勢力と結びついている場合もあります。私的整理に応じる義務はなく，また，担保権の行使や訴訟提起も制限されているわけではありません。

したがって，粛々と回収行為を進めるのがよいでしょう。むしろ，私的整理の話が，背景のしっかりしない筋からの提案であるとすると，債権保全・回収のための法的なアクションを急いだほうがよいかもしれません。

また，国際的な債権回収の場面で，主に銀行団が主導するワークアウト（Work-out）という手続への参画を求められることがあります。これ

も，一種の私的整理ですが，全体の負債総額から見て，自社への債務金額が少ないようであれば，ワークアウトの手続には依らず，債権の全額回収を求めて交渉すべきでしょう。

　交渉といっても，単に「支払ってほしい」，「ワークアウトには乗らない」，「訴訟も辞さない」を繰り返せばよいのです。ワークアウトを主導している銀行からしてみたら，少額債権者の不平不満によりワークアウトが成立しないのは，喜ばしいことではありません。むしろ，少額債権者には，ある程度納得できる金額を支払って，残りを放棄ないしは，銀行に譲渡してもらう，あるいは，そもそもの債権を全額ではないにせよ，一定金額で買い取る，という申し出をしてくる可能性があります。ワークアウトに乗ったとしても，意見が反映されるわけではなく，回収も長期化する可能性があります。粘り強く，主張を繰り返すのがよいでしょう。

第6章 企業買収，ジョイント・ベンチャーにおける交渉

　企業買収（Merger & Acquisition）やジョイント・ベンチャー（Joint Venture：合弁事業）（以下，総称して「企業買収等」と言います）における交渉項目は，そもそも，企業買収等の形態が実に多岐にわたっているため，したがって，全てを項目別に取り上げて，交渉のポイントを解説することは，（是非やってみたいとは思うものの）紙幅の関係で，現実的ではありません。そこで，企業買収等における基本的な交渉のポイントについて説明することにします。買収方法の選択やデュー・ディリジェンスを含む詳細なトピックや法律論については，本書より充実した類書が多数出版されていますので，そちらを参照して下さい。

1　異なる企業文化の融合

　企業買収等は，法律上は2社以上の会社が，何らかのかたちで資本提携することを指します。資本関係がからまない契約上のみの結びつきの提携もありますが（いわゆる「戦略的提携」等），企業買収等とは，別に考える必要があります。
　さて，企業買収等は，一部または全部において資本上の提携が発生します。たとえば，当事会社同士が完全に一体化する合併や，当事会社の関連するビジネスユニットがあたかも合併のように一体化する企業分割，当事会社が，資金，技術，暖簾等を提供して新たな会社を設立する合弁事業がこれにあたります。戦略的提携等契約上，あるいは事実上の結びつき（取引関係）は，関係の解消が比較的容易ですし，契約上の有効期

間を設けることで，関係解消についてプログラム化することが可能です。一方，企業買収等においては，一度手続が完了してしまうと，関係の解消は容易ではありません。合弁事業の契約において，契約期間を設ける場合がありますが（たいていは10年以上の長期），その場合でも関係が長期に渡れば解消が難しくなるのは，人間関係と同様です。

　当事会社は，それなりに事業を行ってきた歴史があり，経営者や従業員の思考様式，価値観も独自の点が，少なからず作り上げられています。つまり，それぞれの会社は，企業として独自の価値観や文化を持っているのです。この文化の異なる2つ以上の集団が一緒になって，シナジー（相乗作用）を発揮するのは容易ではありません。そのためには，新たな企業理念やビジョン，文化を作り上げていくのか，それとも，当事者のどちらかの企業理念，企業文化に合わせるしかありません。そうなると，会社の従業員や役員の中には「もはや，自分がいたいと思っていた会社ではなくなった」と，モチベーションを失い辞めて行く者も出てくるかもしれません。一方で，新たに作られた企業文化や理念はそぐわない，または，パフォーマンスが期待できないと考え，一部の従業員に対する退職勧奨や，余剰人員のリストラもあるでしょう。

　そうした複雑多岐な状況，また場合によっては，不利益を被りかねない状況を乗り越えてでも，企業買収等を行う価値があるという強い意志のもと，また，ステークホルダー（金融機関，投資家，従業員，取引先等）による強いサポート体制があった上で，はじめて企業買収等を実施する意味が出てきます。

　企業買収等における交渉は，そうした企業文化や企業理念の対立がある中で行われるものであり，法律上の買収手続が完了したとしても，その後の統合（ポスト・マージャー・インテグレーション）をどのように進めていくかが，大変難しいと言えます。

2 企業買収等における交渉のスタンス

　企業買収等は，実施された場合のインパクトが大きく，会社の命運を大きく左右することもあります。したがって，後戻りができなくなる前に，慎重に交渉を進めることが必要です。相手側の主張に対する理解は必要ですが，自社の利益を損ねる可能性のある提案には，高度な経営判断を必要とするものもあり，その場の即答は避けるほうがよいでしょう。

3 企業買収等のステップ

　企業買収等は，通常は当事者企業のトップマネジメント同士の初期合意から始まり，おおよそ以下のようなステップを経ます。

---

(1) トップマネジメント同士の初期合意

(2) 限定メンバーによる事業実現可能性に関する調査（フィジビリティ・スタディ（feasibility study））

(3) 限定メンバーによる買収監査（デュー・ディリジェンス：Due Diligence）

(4) 関連契約の締結，公正取引委員会のクリアランス，必要な許認可の新規取得，変更

(5) 統合後作業（ポスト・マージャー・インテグレーション：Post-Merger Integration）

---

(1) トップマネジメント同士の初期合意

　この段階では，ごく限られたメンバーしか，当事会社が接触を試みていることは知りません。この段階では，お互いに，市場で勝ち残るためには企業買収等が有効であり，その方向性の確認に留まるため，いわゆる交渉というものは，ほとんど発生しないと考えてよいでしょう。お互いの考え方に大きな隔たりがあるかどうかは，詳細な議論に入っていかないと，顕在化しないものです。

(2) 限定メンバーによる事業実現可能性に関する調査（フィジビリティ・スタディ）

　フィジビリティ・スタディになると，企業買収等を実際に動かしていく部門（財務，法務，経営企画，人事等）のシニアレベルが関与してきます。この段階では，双方関係者が顔合わせをすることもあります。企業買収等を実施できるか，実施にあたって，①事業性が見込めるか，②シナジー効果が得られるか，③基本的な障害の有無，④その排除の可否を確認します。ハイレベルな情報が交換されるため，秘密保持契約が締結の上，データ・ルームを作り，そこに当事者会社それぞれが必要情報を入れ，検討することになります。この段階で弁護士や公認会計士といった社外の専門家が入ってくることもあります。

　余談ですが，かつてはデータ・ルームは，当事会社のいずれの社員にも知られないようにするため，近隣の会議室を一定期間貸し切り，書類やデータを施錠保管し，会議室からの資料やデータ，またコピーの持ち出しを禁止し，入室できる者を制限していました。いつまでも，会議室を借り続けるわけにもいかないので，突貫工事のような状態でフィジビリティ・スタディを実施していました。現在は，クラウド上にバーチャル・データ・ルームを開設し，ダウンロードや印刷不可の設定をし，厳格なパスワード管理を行うことで，いつでも情報の内容を確認で

きるようになったので随分と便利になりました。

　フィジビリティ・スタディの段階では，あまりオペレーションに関連した詳細情報の交換はしません。この段階で，企業買収等による事業化はありえないと判断され，競合関係にある企業にオペレーション上の重要機密情報が残ってしまう可能性があります。たとえ秘密保持契約により，公開された秘密情報の使途目的が限定されていても，実際問題として，情報が関連部署に「社内漏えい」する可能性は認識したほうがよいでしょう。したがって，一方当事者が，自分たちも開示するので，同様の詳細データを出してほしい，という要請がある場合は，断るべきでしょう。

(3)　限定メンバーによる買収監査（デュー・ディリジェンス）

　デュー・ディリジェンス段階に入ると，より詳細な情報を交換することになります。また，競合関係にある当事会社が企業買収等を実施する場合には，独占禁止法の観点より，公正取引委員会によるクリアランスを取らなければいけないケースもあるため，商品やサービスのマーケットシェアや市場への供給数量や供給方法等の情報をやり取りすることになります。また，人事，財務，法務，営業，マーケティング，IT等，およそすべての部門に関する組織や人事制度，社内制度等の情報が交換されることとなります。

　デュー・ディリジェンス中は，あまり当事会社間で交渉が行われることはないように思います。この時期は，ひたすら情報や資料を確認し，買収に関する価格に影響を与える要素はないか，企業買収等の実施後，ポスト・マージャーにおいて取り組まなければならない課題は何か等ということを，それぞれの当事会社の中で，ピックアップし，最終的にはデュー・ディリジェンスの項目ごとにレポートが作成されます。このレポートは，外部の専門家によって作成されるのが通常です（法務分野の

デュー・ディリジェンスであれば，弁護士事務所が作成する等）。

　デュー・ディリジェンスの結果に基づき，当事会社同士で企業買収等のストラクチャーについて合意しなければなりませんが，これが大変な交渉となります。前述のとおり，企業買収とは，異なる企業文化や企業理念を持つ当事会社同士が，全部または部分的に一緒になることです。仮に，100％対等な関係を維持して企業買収等を実施しようとしても，双方に捨てがたい部分があり，そう簡単にはいきません。どちらが経営権を取るのかを明確にしなければ，いわゆる意思決定ができない「デッド・ロック（Dead Rock：暗礁に乗り上げること）状態」になってしまいます。経営権＝経営責任なのですが，この調整は非常に難しく，双方の当事者会社の歴史的な背景や，従業員のモチベーション，顧客（カスタマー）やサプライヤーの統廃合にまで及ぶ可能性があるため，現場レベルの交渉でまとまる余地はほとんどない，と言ってよいでしょう。まさに，トップマネジメント同士が最終的には決着を付けることになります。

　フィジビリティ・スタディやデュー・ディリジェンスを担当してきたメンバーができることは，万が一，企業買収等に向けて合意が整わない場合，交換された情報を管理することと，現状のオペレーションやビジネスに対する影響を最小限にすることです。

(4)　関連契約の締結，公正取引委員会のクリアランス，必要な許認可の新規取得，変更

　企業買収等を進めていくためには，デュー・ディリジェンス前に締結する秘密保持契約の他に，基本合意書（企業買収等の構造や出資比率等要点を合意したもの）および正式契約（企業買収等の形態に応じた契約）を締結していく必要があります。基本合意書の前後ともに当事者間の交渉は継続します。主に，企業買収等を成立させるために，お互い，何をすべきかということと，たとえば合併の場合，出資比率や役員構成，ある

いは統合すべきビジネスの仕分け等を基本合意書で定めます。正式契約では，最終的に企業買収等を成立させるためのすべての要素を盛り込んだ契約となります。

　企業買収等が，この段階で破談となることも少なくありません。お互いにとって，譲れない一線があり，そこをどちらかが譲歩できずに，企業買収等が成立しないという結果になるのです。したがって，交渉においては，いかに両者で我慢できるラインを探すかが焦点となります。

　この段階になりますと，担当者レベルでの交渉というよりは，お互いにトップマネジメントの意向を確認しながら，最終意思決定に向けて進むための交渉となります。また，双方の弁護士事務所も関与してクロージングのための書類作成も開始しているので，交渉の当事者も双方の代理人の弁護士事務所同士で行われることになります。

(5)　統合後作業（ポスト・マージャー・インテグレーション）

　幸運にも，企業買収実施の合意が整い，契約の締結，公正取引委員会のクリアランス等法律上の諸手続も無事に完了した後は，ポスト・マージャー・インテグレーションというプロセスを粛々と実施していくことになります。これは，社内の制度やルールを統一したり，対外的には，カスタマーやサプライヤーとの取引条件を整理・統合したり，営業や製造拠点の統廃合を行う作業を指します。また，新たな企業文化や理念を構築し，広く内外に知らしめることも含まれます。たとえば，社名やロゴなども，いずれかの当事会社のものを引き継ぐのか，全く新しいもの作るのかによって，作業の項目が変わってきます。

　注意が必要なのは，企業買収等のコンセプトと実際の企業買収等の法形式にギャップがあるケースです。コンセプトとしては，100％対等での合併であるとなっていながら，法形式上は，ある会社がもう一方の会社を吸収合併する場合です。買収された側は，コンセプト上は対等なの

で，制度等は全て新たに作り上げて，新しい企業体制，企業文化を根付かせようとしますが，買収する側，つまり存続会社の側では，あくまでスタンダードは買収する会社のほうであり，変更は必要最小限に抑えようとする意識が働く場合があります。このような状態では，いつまで経っても意思の疎通ができません。冗談のような話ですが，同じ言葉でも，意味が違う社内用語が双方の会社にあるため，最初に社内用語の対比表とそれぞれの意味を定義し，しかる後，どちらに統合するかを議論する，という方法も必要になります。

ポスト・マージャー・インテグレーションにおいては，何が目標か，また戦略的にどのようなかたちとすべきなのかを，関係者全員が共有することがどうしても必要です。合併前にお互いが理解していた内容に齟齬があり，現場での意思統一が難しい場合には，躊躇なくマネジメントレベルを入れて，方向性の確認をすべきです。ポスト・マージャーにおけるシニアマネジメントのリーダーシップはとても重要なのです。

4 ジョイント・ベンチャーにおける意思決定

ジョイント・ベンチャーは，通常は，2社以上の会社が出資（金銭または現物）することで，ビジネス上の目的達成のために新たに会社（合弁会社）を作ることです。その合弁会社は，出資者有限責任を確保するために，株式会社であることが多いです。

ジョイント・ベンチャーにおいて，最大の問題は，お互いの出資比率をどうするかです。出資比率により，合弁会社から得られる配当利益や，議決権の内容が決まってしまうため，出資比率をどうするかは極めて重要です。特に100％対等とするために，出資比率を50：50にしてしまうと，当然意見が対立して，合弁会社として意思決定ができなくなり，機動的に経営を行うタイミングを逸することもあります。合弁契約では，

そのような場合，デッド・ロックを解消するために，いくつかの規定を設けることがあります。

たとえば，デッド・ロックの場合は，自社の株式を買い取らせるか，あるいは，相手側の株式を買い取れるプロセスを規定することがありますが，これは，いわば最終の切り札であり，日常の経営の意思決定においては，あまり意味がありません。そこで，ある一定事項については，一方当事者の専権を認め，トピックによっては，全会一致の原則で意思決定するという方法があります。しかし，この方法も，何をどこまで全会一致で決定するかの線引きが難しく，結局，全会一致で決定すべき事項の幅が増えてしまいます。

また，出資比率は低くするが，取締役会では過半数を占め，事実上経営権を掌握するような枠組み，あるいは，ジョイント・ベンチャーの契約で，少数株主の拒否権をあまりに強くして，事実上，少数株主の同意がないと何もできないような枠組みにしてしまうと，経営責任が曖昧となり，後日のトラブルの原因になりかねません。

さらに，合弁会社の場合，経営権と経営責任を一方当事者が取り，かわりに，相手方には意思決定のための議決権を行使しないかわりに，例えば配当の50％を優先的に得る，という取決めをするほうが望ましい場合もあるでしょう。このように，経営権と経営責任は表裏一体であることから，ビジネスの実施だけでなく，資金調達や規制官庁への対応など，全ての責任を負うのと引き替えに，意思決定においては裁量を認めるよう交渉することは可能でしょう。

設立される合弁会社が日本以外の場合は，現地の会社法や対内投資に関する法制度を十分に調査した上で，ジョイント・ベンチャーの取引条件を設定し，交渉のシナリオやプランを作る必要があります。

5 経営責任と資金調達

ジョイント・ベンチャーにおいては，出資比率とともに経営責任をどのように規定するか，また，ジョイント・ベンチャーにおける当事者の役割の明確化が必要です。出資比率は，利益配分において重要です。一方，経営責任は，共同出資した会社の事業がうまくいかず，追加で資金が必要な場合に，誰がどのように責任をもって調達を可能にするかについて，詳細に条件を合意しておく必要があります。

通常は，出資比率に応じて，追加で投資または融資を行う，あるいは金融機関からの資金調達であれば，出資比率に応じて保証や担保を差し入れる，と契約上規定されます。しかし，国際的なジョイント・ベンチャーでは，いざという事態になった場合，現地側のパートナーが協力できない，と言ってくるケースがよくあります。協力しないことは，契約違反ですが，だからと言って，訴訟を提起して判決を取り，資金調達に協力させるのは，時間，コストを見ても現実的ではありません。また，契約違反を理由にジョイント・ベンチャーの契約を解除したからといって，資金調達の問題が解消するわけではありません。国際的なジョイント・ベンチャー，特に新興国においては，こうした問題が起こることを想定しておく必要があります。

6 明確な撤退ルール（Exit Rule）

資金調達等を発端としたトラブルに対応するためにも，ジョイントベンチャーから撤退するルールを明確に定めておくことです。共同で事業をやりましょう，と言っておきながら，「離婚」の条件詳細をあらかじめ決めておくのは，何やら矛盾するような気もしますし，相手方も抵抗

するかもしれません。しかし，撤退のタイミングを失い，いたずらに資金が流れ，損失が膨らむことを抑えるメカニズムについて合意することは，お互いにとって利益のあることだ，という説明を試みましょう。

撤退についての引き金（trigger：トリガー）となる事象については，共同で行う事業の特徴や投下した資金の額にもよりますが，一般的に使用される基準として，(1)赤字決算が連続3期続いた場合，(2)累積赤字が一定金額を超えた場合，(3)一方の当事者重大な契約違反をした場合（前述の資金調達協力義務を履行しない等）が規定されます。

その他，共同で行う事業の取引先（金融機関を含む）や市場の状況から，必要と思われる事象をできるだけ想定して合意するよう交渉しましょう。ただし，撤退ルールを定めるにあたり，共同出資会社が日本以外に所在する場合に，現地の法制度にも注意が必要です。たとえば，撤退についての引き金となる事由が発生したときに，相手の株式を適正価格で買い取るという撤退ルールを決めようとしても，現地の法律で外資100％を認めない国もあるので，そうした規定を盛り込んだ契約そのものが無効だと判断されてしまう可能性があるためです。

7 撤退時の交渉

撤退事由が発生し，撤退に向けて交渉を行うことになった場合，もっとも大切なのはスピードです。すでに，ジョイント・ベンチャーとしての事業は破綻，あるいは破綻の手前まで来ている場合は，いかに投下した投資資金を回収するかも大切ですが，さらに重要なことは，これ以上の損失を拡大させないことにあります。時間をかければかけるほど，損失は膨らみます。この点についての理解を，常に相手側と共有し，スムーズな撤退こそが，お互いにとって，もっとも利益があることを説明するようにしましょう。

8 「戦略的提携」の場合

　戦略的提携（Strategic Alliance：ストラテジック・アライアンス）は，ビジネスにおいて，積極的に提携していきましょう，という緩やかなつながりであり，実際にどのような提携行為をするかどうかは，ケース・バイ・ケースで判断し，合意します。したがって，戦略的に提携する材料を探すために，お互いに情報交換をすることが考えられます。当然，秘密情報や未公開情報も含まれるので，秘密保持契約を締結することになります。その際，包括的な契約を締結するだけでなく，交換する情報の秘匿性やセンシティヴィティが高い場合には，個別に秘密保持契約を締結し，開示対象者や開示目的を厳格に定めるといった対応をするよう，必要に応じて相手側に提案するようにしましょう。

第7章 紛争解決に関する交渉

　取引において，紛争はつきものです。訴訟等の法的手続に発展しなくとも，関係が悪化したり，当事者間で感情的なやり取りが繰り返されたり，ビジネス本来の目的達成とは，真逆の状態に進んでいる場合があります。こういうときこそ，交渉が「ビジネス達成のための合意のプロセス」であることを再認識し，積極的に紛争の解決に向けて取り組むことが必要です。

1 目的は「解決」

　ビジネスにおいて，紛争やトラブルが発生した場合，相手側との関係で，「勝ち負け」を競うのが，紛争解決の目的ではありません。あくまでも，「解決」に主眼を置いたアプローチをする必要があります。人間ですから，勝ち負けにこだわるのは，自然な感情です。しかし，ビジネスは，あくまでも理路整然と，論理的に組み立てられたコミュニケーションによって進められていくべきであり，「勝ち負け」ではなく，どれだけ双方にとってビジネスの目的達成に近づくアプローチをできるかが，紛争解決におけるポイントです。勝ったときは，気分が良いかもしれませんが，相手側は，おそらく気分が悪く，お互いに感情的なしこりが残ってしまうようであれば，勝ったところで得るものはありながらも，同時に失うものも多いのです。

2 「謝罪」は０円？

　紛争発生の原因が，相手側に非は全くなく，こちらの問題である場合には，直ちに謝罪をし，正常なビジネス関係に戻しましょう。謝罪するだけであれば，お金はかかりません。しかし，何について謝罪するのかは明確にしておく必要があり，かつ，謝罪によって不必要な義務や，負担，責任を負わないように注意する必要があります。

　たとえば，消費者から，販売している製品の品質について苦情がきたとします。現時点では，苦情の内容の原因となっている事象が，製品の品質あるいは製造側の欠陥に起因するのか，それとも別の理由（製造，販売している当事者の責に帰さない事由）によるものかは，直ちに判断できません。何が問題であるかの特定には，調査が必要であり，それには一定の時間がかかる場合があります。法律的には，まだ責任の所在がはっきりしていないので，何ら賠償等の責任は負う必要がありません。しかし，「責任があるとは言えない」と明確に言い切ってしまうことは，「お客様」の感情を害することになり，品質問題とは別の問題（顧客対応が悪い等）を引き起こすことになります。したがって，販売している商品が原因で迷惑をかけている可能性が否定できないことを含みつつ，「お忙しいなか，弊社製品についてのご指摘を頂きありがとうございます。また，弊社製品について，お手間を取らせてしまい大変申し訳ありませでした」というような，何らかの「謝罪」の意を込めることで，コミュニケーションがスムーズにいく場合があります。逆に，あまり法的な立場ばかりを主張していると，「責任逃れ」「隠蔽体質」とのそしりを受け，解決が困難になってしまう恐れがあります。

　なお，単純な謝罪は，無条件に「責任を認めた」と取られてしまう可能性があるので，その内容，表現に十分に注意しましょう。特に，苦情

やトラブルに関して，取引先や消費者から，文書での回答を求められた場合には，文面には細心の注意を払いましょう。詳細な調査報告や再発防止策を記すのはよいのですが，内容として高度な機密に属する情報が含まれていないかを発信前に確認しましょう。最近では，企業が特定の相手方向けに発信した文書がインターネット上で無断で公開されてしまうことも，しばしばあります。公開されてしまうと，その情報の機密性が失われ，結果として，多額の損害が会社に発生することがあります。

したがって，内容，表現ともに，万が一公開されたとしても非難の対象とならないよう，文書の作成にあたっては，関係部署の確認を取る等慎重に行う必要があります。また，調査に時間がかかる場合には，その旨を明確に伝え，中間報告のような形のコミュニケーションをすることも検討するようにしましょう。

3 取引の継続について会社のスタンスを確認する

紛争解決は，勝ち負けでなく，紛争の原因を解消し，ビジネス上の関係を修復することで，ビジネスの目的達成に向かうための重要なアクションです。しかし，残念ながら，相手側が勝ち負けに拘泥したり安易に責任を転嫁しようとしてきた場合には，果たして，そうした問題解消のための努力をいつまで続けるのかを，費用対効果や時間・人的リソースの効率運用の観点から，常に優先順位を立て，どのように対応するか決定することは紛争解決の交渉においては重要になります。

このようなスタンスの確認は，交渉を開始する前に確認しておくことは言うまでもありません。また，いくら継続的な取引関係を維持する必要がない相手だからといって，あからさまに相手を挑発したり，紳士的でない態度で臨むことは，新たな紛争を生むきっかけとなり，単純な問題がいつのまにか複雑に絡み合ってしまいます。その結果，多大な費用

と時間を費やさなければならなくなってしまいます。注意しましょう。

4 紛争の原因を探る

　紛争解決のために交渉するにしても，何が紛争の原因なのかを特定する必要があります。なぜ，今紛争となっているのか原因を理解することなしに，交渉を開始することはできません。

　紛争の原因を究明するためには，いくつかの切り口があります。

> ☑ そもそも当事者の合意は何か？
> ☑ 当初の合意内容あるいは合意の前提であった事実と，現在の状況で変化したことはないか？その変化は，どちら側の事情，あるいは責任で引き起こされたか？
> ☑ 締結している契約内容と現場の実態が乖離していないか？
> ☑ 契約で合意されたプロセスや条件が当初は遵守されていたのなら，取引関係を続けていくうちに，担当者も代わり，契約内容をよく把握していない現場担当者の間で，条件変更が行われていないか？
> ☑ こちらから，相手側に対しては，取引上の立場や関係を濫用して，契約上の義務を超えた内容を，当然のように要求していないか？
> ☑ こちら側の契約上のミスを過去に見逃してもらう見返りに，発注量を増やす等，妙な「貸し借り」はないか？
> ☑ こちら側の契約上のミスを棚に上げて，相手側にのみ契約条件の遵守を押しつけるようなことをしていないか？

　上記は，主にこちら側に問題がある場合を想定していますが，相手側にも同様な問題点がないかどうかを，現場の担当者や責任者より，よく事情を聞く必要があります。交渉途中で，「新たな事実」が相手側から

出される事態はなるべく避けたいものです。これは，交渉が不利に進むことを心配するのではなく，事実関係を再度洗い直す必要があり，追加の時間や人的リソースがかかり，解決にさらに時間がかかるからです。紛争解決に限らず，交渉は，できるだけ短期間で集中的に行うほうが，両当事者にとって良い結果となることが多いです。一方，長引いてしまうと，それだけで状況は複雑となり，お互いに合意できる状況になるため，さらに多くのハードルが出てきてしまうからです。

　紛争が起きている背景を調べると，すでに退職した前任者から十分な引継ぎを受けていないことが判明するケースがあります。こちら側には，きちんとした記録や，前任者が退職前に，何をどこまで完了させ，何が未完了事項か等についての引継書がないと，相手側への主張の根拠が弱くなる場合があります。そうした交渉上の不利益を避けるために，退職予定者や異動予定者に対しては，きちんとした引継書を作成し，引継ぎを受ける者とその上司に対して，提出することが考えられます。もちろん，引継ぎを受ける者やその上司は，引継書を丹念に精査し，疑問点があれば，退職前に明らかにするよう働きかけるべきです。

5　解決の糸口

　いったん紛争になってしまうと，交渉で解決を速やかに図ることが大切ですが，決して容易ではありません。しかし，必ず糸口はあるものです。相手側も，いつまでも「紛争状態」は好ましいとは思っていないでしょうから，「早期解決」という点においては，意思の齟齬はないでしょう。実際にどうやって，相手側としても早く合意し，ビジネスを正常な状態に戻せるか考えているはずです。その機運を見逃さず，次に述べるような方法で，紛争解決の解決につなげていきましょう。

(1) 冷静な態度

紛争解決に限りませんが，すべての交渉において，冷静に，理路整然と，そして，したたかに交渉を進めていくことが必要です。もともと，クレームや見解の相違，意見の食い違いなど，お互いにハッピーな状態ではないので，ついつい，「売り言葉に買い言葉」になってしまいかねませんが，交渉は「勝ち負けではない」ことを念頭に置きつつ，進めて行きましょう。妙なはったりや相手をごまかすような交渉の進め方は得策ではありません。

(2) 契約違反の有無

紛争の焦点となっているポイントだけでなく，これまでの関係の中で，相手側が契約にしたがってパフォーマンスをしなかった点があれば，リスト化しておきましょう。すでに，過去の話であり，あらためて契約違反について蒸し返す意図はありませんが，それでも交渉における対話の端々に「エピソード」として挿入することで，いかに，こちら側が相手のことを考えて対応してきたのか，誠実に取引を継続してきたかを，印象づける効果が期待できます。人は誰しも弱みに思ったことは，なかなか消えないものです。また，現在，違反状態がある場合には，必ず紛争解決の対象として折り込み，パッケージとして解決するよう交渉しましょう。

(3) エスカレーション（escallation）

交渉の当事者間では，埒が明かない場面は多々あります。何度か交渉を重ねても，双方の主張は相容れず，妥協点も見出せません。交渉当事者としては，裁判で決着をつけるしかない，と思いたくなる状況になると，お互いに解決のために合意をしようという情熱も冷めてしまいます。

そのような場合に，法的手続に入る前に，双方の交渉レベルを上げる

エスカレーション（escalation）という方法を試してみてはどうでしょうか。

　たとえば，交渉当事者が課長クラスで行われているとしたら，一段階あげて部長レベル，あるいは役員レベルに引き上げて行うのです。エスカレーションによって，交渉の対象は，個別の争点の解消というよりは，取引関係継続の観点から，本来どうあるべきかという，いわば大所高所の見地から出てくるものに移ります。そうすると，意外にお互いがこだわっていたところは，大所高所からみれば（大事な問題ではあるが），双方が少しずつ歩み寄ることで，完璧とは言わないまでも，受容できる範囲での妥協点に辿り着ける場合があります。これは，それまでの交渉当事者より，さらに冷静に物事を捉え，判断できるようになるからでしょう。

　また，埒が明かない場合に，「では次回は，うちの役員レベルの者を連れてきて，弊社の立場や考え方をご説明いたします」と言うと，相手側より，「いやいや，そこまでは」と，合意に向けて妥協する姿勢を見せる場合もあります。これは各社により，紛争やその解決に至る交渉について，どれだけ常日頃から役員レベルまで情報共有がなされているかに，差があることが理由です。そして，こちら側が役員を交渉に参加させると，相手側も役員を出さざるを得ない雰囲気を感じることにより，早期解決に向けて，相手側のアクションを間接的に加速させる効果が期待できます。常日頃，情報を役員レベルまで上げていれば，交渉に参加してもらう話を持ちかけやすいですが，そうでないと，「そもそも，なぜそんな紛争が起きたのか？」と問い詰められ，「なぜそんな交渉に私が出なければならないのか」と厳しい対応をされる可能性があり，できればそうした事態は避けるべく何とか解決したい，というモードに変わっていく可能性があります。

　あるいは，両当事者がグループ企業に属しているのであれば，当事会

社同士で解決できない場合に，それぞれの親会社との協議や交渉に持ちこむことも考えられます。実は，こうしたエスカレーションの仕組みは，紛争解決の仕組みの一つとして，グループ企業同士の契約では，子会社が訴訟や法的なアクションを取る前に，親会社や上位の立場にある者が，最終的な協議を行うことが，契約における紛争解決条項のなかに組み込まれている例があります。いったん法的な手続を取ってしまうと，後戻りがきかず，時間および費用（特に弁護士費用）がかかることから，こうした仕組みをあらかじめ合意しておくことは，それなりに意味があるのではないかと思います。

(4) 法的手続の提案

法的手続は後戻りができないと述べましたが，交渉におけるカードの一つして，相手側とこちらの主張が並行線辿り，行き詰まっている場合に，あえて第三者を入れた手続を提案する方法が考えられます。たとえば，民事調停手続は，裁判官と一般市民から選ばれた調停委員が，双方の言い分を聞き，円満な解決方法を提案し，それに両当事者が合意すれば，調停成立となり調停調書が作成されます。調停調書があれば，調停で合意した条件どおりに相手が利口しない場合は，裁判所に履行勧告や履行命令を出してもらうよう申し立てることができます。また，調停においては，裁判所が解決案を提示する場合もあり，双方にとって，「裁判所からの提案だから」ということで，社内説得がしやすい，ということもあります。何より，費用が安く，また調停手続は非公開で行われるので，機密情報の保護もできます。

ただし，実際に調停手続に向かう場合には，交渉当事者の裁量のみで決定することはできず，社内承認を取らなければならないでしょう。また，訴訟に比べて簡易な手続であるにしても，3カ月程度はかかると言われていますから，それなりに負担かもしれません。そうしたことを

嫌って，調停に行くぐらいなら，現時点で歩み寄れるところが解決しよう，という機運が相手側に出てくることが期待できます。もちろん，こちら側の社内では，事前に民事調停も視野にいれた交渉を行うことについてのコンセンサスを得ておく必要はあります。

(5) 弁護士の起用

訴訟になれば，代理人として弁護士を起用するのが通常ですが，紛争解決のための交渉に関しても，弁護士に相談することが有効な場合があります。弁護士は，数多くの紛争に携わった経験から，もし訴訟になった場合，裁判所はどのような判断をするのかについての知見を持っています（もちろん，そうした知見を持っていない弁護士には，紛争に解決についての相談はできません）。現在の当事者の主張，手元にある資料や証拠より，裁判所が客観的にどのような評価をする可能性があるかのインプットを得ることは，交渉の戦略やシナリオを作る上では有益です。

ただし，弁護士を交渉の場に同席させることは，相手側の状況も見た上で慎重に判断する必要があります。ビジネスにおける紛争解決の交渉は，法律上の判断よりも，ビジネス上の判断が優先されるべきだからです。ビジネスの内容や詳細を熟知していない弁護士に交渉を丸投げすることは，かえって，交渉を迷走させることに繋がりかねません。弁護士からは，法的な見地から，客観的なコメントや交渉の進め方についての助言を得るのが，基本的なスタンスであるべきです。

(6) 和解交渉のポイント

紛争解決において交渉するも合意に至らず，残念ながら訴訟になる場合があります。しかし，訴訟は交渉当事者が始めたものであり，両当事者の合意があれば，いつでも取り下げることができます。いざ，訴訟手続に入って，紛争のポイントが，より明確になり，解決できる余地が見

えてくる場合があります。このような場合には，判決が出るのを待つことなく，お互いに条件を合意して解決する「和解」という手続があります。和解合意がなされると，和解調書が作成されます。和解調書は，公正証書と同じく判決と同等の効力があるので，当事者の紛争解決の合意を，判決と同じレベルで確定できます。つまり，和解条件どおり履行しない場合には，再度，裁判手続を経ることなく，執行の申立てができるのです。

① どちらから，和解交渉を持ちかけるか

訴訟手続の途中で，裁判官から「当事者間で和解したらどうか」という和解勧告がなされる場合がありますが，勧告なので判決を得るまで頑張っても構いません。しかし，ここで勧告が出された背景をよく見極める必要があります。このまま行くと，自社の敗訴になるのか，それとも相手側が敗訴になるのか，裁判官は内心どう考えているのかを探るのです。裁判官が，内心をそのまま当事者に伝えることはないでしょうから，言動から果たしてどう考えているのか，その見極めを代理人弁護士の見立ても参考にしながら行います。和解条件にもよりますが，期待する判決になる可能性がありそうだが，このまま判決まで時間をかけるよりはよい，という判断ができるのであれば，こちらから和解勧告に応じる旨を積極的に示すことが考えられます。

和解勧告がない場合であっても，代理人弁護士を通じて，裁判官や相手側代理人弁護士に，和解の意思がある旨を伝えることも十分に考えられます。

② 社内のステークホルダーの説得

和解に応じる場合，むしろ社内でのコンセンサスを取ることのほうが大変かもしれません。白黒をハッキリさせるために，訴訟に持ちこむこ

とを決定したのであり，勝てる見込みがあるのに，なぜ和解するのかという強硬論も出てくるでしょう。その主張は，間違ってはいないのですが，交渉の目的は，ビジネス上の目的を達成することであり，勝訴判決を得ることではありません。正確に言うと，判決に拘らず，当初の目標が達成できれば，和解は十分に考えられる選択肢であると説明できるのではないでしょうか？　また当然，判決が出るまでは訴訟手続に参加しなければならず（準備書面の作成や裁判所への出頭等），弁護士費用もかかります。費用対効果や，訴訟に割かれる人的・物的リソースを，本来のビジネスに振り向けるべきだ，という姿勢を示すことができるでしょう。また，判決では，機密情報が開示されてしまう可能性がある一方，和解であればその心配はないという点も，和解勧告に応じることを提案する理由にもなります。

　いずれにしても社内承認手続が必要となるべき判断であり，必要に応じて弁護士の見解を書面で示す「法律意見書（Legal Opinion：リーガル・オピニオン）を取得することも考えられます。

③　和解条件に必要な事項

　和解交渉が整うと，紛争解決の合意事項を書面で確認します。いわゆる和解契約ですが，押さえておくべき事項が2つあります。和解における交渉では，この二点を忘れずに確認しましょう。

　一つは，秘密保持です。判決が出る場合，判決内容には，それぞれの当事者が公開したくない事実や情報（営業上，技術上の機密情報を含みます）まで記載される可能性があります。しかし，和解契約ではお互いに和解した条件について守秘義務を負うことを規定できます。和解によっては，勝訴に近い内容もあります。社内で，和解成立したことを報告する際，「事実上の勝訴に近い内容」と述べるのもよいですが，報告を行う関係者には，和解内容（「事実上，勝訴に近い」等の概要も含めて）に

ついて守秘義務があることを徹底して周知しましょう。相手側の同意を取らず，うっかりプレスリリース等で社外に公開することは，和解契約違反となります。ただし，和解したことが証券取引所等に対する適時開示の対象となる場合には，和解成立事実のみを発表する，ということを相手側と和解契約において合意しておくべきでしょう。

　二つめは，いわゆるGeneral Release条項を明記することです。これは，和解した件については，あくまでも最終合意であり，その他に当該紛争に関しては，和解条件以外は，何らの権利の行使もできず，義務の負担を強いられるものではない，という条項です。後日，紛争を蒸し返さないためであり，この点も和解契約に明確に盛り込む必要があります。

第8章 国際取引における交渉

　国際取引における交渉は，国内での交渉と基本的な取組み方は一緒ですが，全く同じ方法で構わないわけでもありません。国際取引ならではの注意すべき点もいろいろとあります。ここでは，国際取引の特殊性に触れながら，具体的な交渉の取り組み方を紹介していきます。ただし，あくまでも，概要を述べるに過ぎないので，各案件において具体的にどのように交渉を進めるかは，国際取引に関する実務知識・経験が豊富な弁護士のアドバイスを受けながら，判断していくのがよいでしょう。

1 国際取引とは何か

(1) 国境をまたぐ取引

　国際取引と国内取引の違いは，取引が国境をまたぐかどうかです。たとえば，米国に所在するA社と日本国内に所在するB社との取引は，国境を跨いでいるので，国際取引になります。A社の日本法人CとB社の取引は，Cの親会社は米国に所在していますが，Cは日本に所在し，日本法に基づいて設立された法人であり，取引は国境をまたいでいないので，日本国内の取引となります。B社の米国子会社DとAの取引は，同様に国境をまたいでいないので，米国における国内取引です。

　また，AがDに商品を販売し，Dの売買代金支払債務をBが保証する場合は，A－D間の取引は米国における国内取引であり，BのAに対する保証行為は，国境をまたいでいるため，国際取引になります。

【国際取引法務の射程（取引の観点から）】

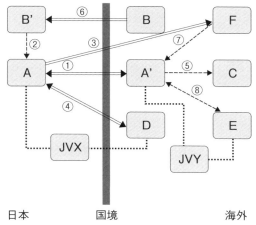

① AとAの現地法人の取引
② AとBの日本法人との取引
③ AがF向けに輸出する取引
④ AがDと日本国内にJVを作る取引
⑤ Aの現地法人がCに販売する取引
⑥ BがBの日本法人に対して物品を供給する取引
⑦ FがAの現地法人に物品を供給する取引
⑧ Aの現地法人とEが海外でJVを作る取引

═══ 国際取引　------ 国内取引

(2) 法体系，商習慣，文化の違い

　国際取引は，異なる2国間以上にまたがる取引となるため，それぞれの国の法体系，司法制度，商習慣，商道徳あるいはそもそもの文化が異なります。ヨーロッパやアジアという大きな括りで経済を見ることは，ある程度は可能ですが，それぞれの国は固有の文化を持ち，歴史もあるため，全く同一視することはできません。これは，日本とそれらの国々を比較しても同じで，共通点もいくつかはあるでしょうが，日本がこうだから，A国も同じだろうと無条件に考えるのは，大変危険なことです。

(3) 言語の違い

　当然使用する言語も異なります。日本語は，驚くほど国際取引においては通用しません。やはり，英語が共通言語として，よく使用されるので，交渉するにあたっても，少なくとも，英語でのコミュニケーションはある程度は避けられません。取引に関する契約書も，国際取引に関しては英語で作成するのが一般的です。しかし，国によっては，ある一定

の取引については，現地国の言語でないと無効となる国もあるので，注意が必要になります。

(4) 権利・義務に対する感覚の違い

国際取引における法務実務を経験する中で，国内取引と国際取引では，当事者の間における権利や義務に対する意識がだいぶ異なることを，実感します。

国内取引では，日本語という慣れ親しんだ言葉と日本の法制度，商習慣や文化から得られる一種の常識のようなものがあり，大体こんなものであろうという推測のもとに取引が進みます。したがって，何かトラブルがあっても，基本的には話合いで，お互い譲るところは譲り合い，解決していく文化があるように思います。その背景には，約束したことはきちんと守るが，万が一，約束を守れなかった場合でも，それまでの努力や誠意を認めてほしい，という心情があります。

一方，国際取引においては，日本側のそうした善意のアプローチはあまり通用せず，権利を主張するのであれば，その根拠を示せ（それが，法律なのか契約なのかは状況によります），あるいは義務を負担するのであれば，その範囲はどこまでか，また範囲をきちんと書面で明記し，お互いに合意したことを証拠として残しておきたい，という意識が強く働くようです。

最近では，ビジネスのグローバル化に伴い，日本企業も国際的な取引関係に関わることが増えてきており，自ずと権利や義務を明確にしようという感覚になってきていると思いますが，いまだ，日本での取引の進め方や解決の仕方を前提に考えていることが多いように感じます。

2 日本の常識は世界の非常識？

　したがって，日本での常識が，そのまま国際的な取引関係に関わる交渉にそのまま使えません。しかし，これは何も，日本的なやり方，日本人による交渉の仕方が劣っている訳ではありません。国によって異なるだけの話です。ただし，「相手側も自分たちのように，考えてくれるだろう」という思い込みが，誤解を招いたり，意図が正しく伝わらなかったり，大きな過ちにつながる可能性があることには注意が必要です。では，どのように注意すればよいでしょう？

　それは，日本でのやり方や進め方をきちんと理解した上で，「日本ではこういう場合，このようにアプローチするが，その方法は，この国にでも通用するのだろうか」と，常に比較をしながら確認を取ることです。もしくは，日本との違いをよく熟知している弁護士等の専門家から助言を得ることです。つまり，日本の取引における実務をよく理解することが，国際取引において，見落としてはならないポイントをきちんと押さえる一番の近道なのです。

3 国際取引契約における契約書の重要性

　国際取引においては，取引内容や取引条件を文書で合意することは，非常に大切です。国内取引においては，国内法が適用される場面が多いので，契約書がなかったとしても，国内法に基づいて，ある程度は物事を決定することが可能です。しかし，国際取引においては，後述するように，どこの国の法律が適用されるのか，あるいは，どこの国の裁判所や紛争解決機関で，紛争解決を行うのか等についても，あらかじめ合意しておかないと，いざという時に，権利の行使ができないことになりま

す。

(1) Contract is Contract

　国際取引においては，「契約が全てである」いう考え方があります。これは，契約に規定されている内容が取引の全てであり，規定されていなければ，権利の行使はできないし，義務の履行は不要であることを意味します。商取引においては，当事者間の自由な意思決定は尊重される一方で，その意思決定内容が，契約書という文書のかたちで残されていなければ，第三者，つまり裁判所が権利の行使を認め，あるいは義務の履行を命じることは難しい，と考えるべきでしょう。したがって，国際取引における契約では，想定される事態が，国内取引で想定される事態よりも，はるかに複雑多岐に渡るため，契約書のボリュームは，どうしても多くなる傾向にあります。

(2) 権利の存在，義務の限界を示すエビデンス

　国によっては，裁判所が書面重視の判断をするところもあり，一般的に見てそんな合意を当事者間でするわけがない，と思われる内容であったとしても，契約書に規定があれば，それが当事者間での最終的な合意であると判断されてしまう場合が多いと見ておくべきでしょう。したがって，契約書は権利の存在を証明し，義務の限界を示すエビデンスであることから，その内容や規定の仕方については，細心の注意を払う必要があります。

(3) できる限りの事態を想定

　国際取引は，国境をまたぐ取引と言いましたが，たとえば，ヨーロッパ域内の地続きのエリアで行われる取引もあれば，空路または海路を利用しての遠隔地間取引もあります。また最近では，ITテクノロジーの

発達により，電子商取引のようにあたかも国境など存在しないかのような取引も出てきています。取引の形態も，従来の売買やサービスといったものから，様々な取引を複合したもの，典型的な取引の組合せにより，全く新種のものに発展した取引など様々です。そうした取引において，どんな場面や当事者間で，権利または義務を巡って争う可能性があるのか，できる限りの事態を想定し，それぞれの事態に応じた解決策を規定しておくことが必要となります。契約書において，合意内容を詳細に規定することは，権利・義務の内容を示すエビデンスとしての役割がありますが，それに加え，問題やトラブルが生じた場合に適用される当事者間の問題解決プログラムが規定されている意味もあるのです。明文化されたルールが規定されている契約書があれば，その内容や解釈を巡って，常に裁判所に判断を求める必要はなく，契約書の規定に従って，当事者間で粛々と処理をすればよいことになります。

したがって，取引や取引の相手方を精査し，どんな事態を想定すべきかを注意深く検討する必要があります。国際取引における契約書のボリュームが多いのは，できる限りの事態を想定し，その解決のために必要な規定を設けているからです。様々なタイプの国際取引における契約書サンプルを読み込むことは，過去の紛争解決の知恵が集積した文例を学ぶ良いトレーニングになるのです。

(4) 曖昧な表現や記載を嫌う

契約書ですから，誤解を招くような表現，いかようにでも解釈できる曖昧な内容の規定は，権利の行使の確保，義務の履行範囲の限定という観点からは，意味がありません。できるだけ，誰が読んでも誤解を生じさせない，平易かつシンプルな記述となっている必要があります。とは言いながら，複雑な取引であれば，想定すべき事態や解決しなければならない場面も多岐にわたるため，全体としては複雑な内容になってしま

う傾向があります。その場合でも、一つひとつのセンテンスは、明確で平易な内容となっていることが大切です。そうした契約書を作成するには、知識と経験が必要であり、一朝一夕にそのスキルが身に付くわけではありません。しがたって、特に国際取引においては、経験のある弁護士に作成を依頼するといった分業体制を整えることも、国際取引における契約の実務では必要となってきます。

(5) 「まあ，いいや」は危険

　国際取引は，国内取引とは異なる法律や商習慣が適用されます。また，取引の相手方も国内取引の場合と同様ではなく，異なる商習慣，文化のなかで取引を行っています。したがって，様々な推測をするのは構いませんが，その内容については，必ず都度，確認を取るようにしましょう。「このような場合，日本ではこのように考え，(たとえ契約書が存在しない場合であっても) このように対応するであろう」という推測は，必ず相手側に確認して，確認した内容は契約書に反映するようにしましょう。何となく，「まぁ，大丈夫だろう」「この程度でいいや」と，根拠もなしに判断し，検討を中断することは，とても危険です。

(6) 準拠法，紛争解決条項の定めが必須

　準拠法とは，契約の内容に関して，効力や解釈について，根拠として使用される国の法律を言います。契約内容をどんなに精緻に契約書に反映したとしても，契約に基づく権利の実現は，裁判所の命令，すなわち判決を得なければなりません。国際取引において，どちらの当事者が所在する国の法律を適用するのか，あるいは，いずれの当事者も所在していない第三国の法律を適用するのか，あらかじめ合意されていないと，裁判所は判断できません。また，ある国の法律を適用するとして，どこの紛争解決機関で争うのかを合意しておかないと，申立てを受けた裁判

所その他の紛争解決機関は，この事件は自分の機関の管轄ではない，という判断がなされる場合もあります。紛争解決機関によっては，定型の紛争解決条項でないと，申立ての受理がされない場合も考えられます。したがって，準拠法の選択と紛争解決機関の選択は，実は非常に重要で，取引内容と取引当事者の関係を考え，慎重に検討，判断されるべき問題なのです。

　私が，まだ企業法務の仕事を始めてまもない頃，ある国際取引契約の準拠法を巡って，相手方とさんざんやり取りをしましたが，なかなか決着がつきません。その他の取引条件はすべて合意できており，準拠法と紛争解決条項のみが残ったのです。相手側は，自国の法律と自国の裁判所を指定しており，なかなか譲りません。営業部門も，しびれを切らし，契約が合意できないのは法務部のせいだ，という趣旨の苦情を言わんばかりの状況でした。どうにも困ってしまい，私は上司に「準拠法が不要なくらい，あらゆる事態を想定した契約を作成するので，準拠法の定めのない契約で進めてよいか」と相談しました。この「アイディア」は，実は営業部門は大賛成でした。上司は，前半のあらゆる事態を想定した契約を作ることには賛成しましたが，準拠法を定めないことに関しては，却下しました。準拠法や紛争解決条項の定めがない契約は，結局は，権利の実現に結びつかないことを，私はその時初めて理解したのです。

　そこで，私は営業部門に，準拠法や紛争解決条項がない契約書が，いかにリスクが高く，また，そうは言っても相手側の国の法律や裁判所に従うことは，別の意味でリスクがあるため，第三国での法律を準拠法とし，その国での国際商事仲裁を選択することを提案しました。営業部門も，準拠法と紛争解決条項の重要性を理解し，私と一緒に相手側と交渉してくれました。提案した第三国が，相手側の属するアジア圏の国であったこと，同国の国際商事仲裁機関は，アジアにおける国際商事仲裁ではかなり利用されている事実から，相手側も（渋々でしょうが），提案

を受諾しました。今にして思うと，相手側も自国の法律と裁判所で押し通せるとは思っていなかったのではないでしょうか？　こちらから，相手側の社内でも理解し，受け入れ可能と判断できるようなロジック（論理）を考え，丁寧に説明したことが合意につながったのだろうと考えています。

4 英語と国際取引における交渉

(1) 必要とされる英語のレベル

国際取引における交渉では，やはり，使用する言語は英語であることが圧倒的に多いでしょう。もちろん，通訳を介して行う英語以外の言語での交渉もあります。では，どの程度のレベルの英語力が必要なのでしょうか？

もちろん，英語を母国語として話す人と同レベルになる必要はありません。なぜならば，国際取引の相手国は，英語が母国語でない国も多数あり，そうした相手方が話す英語は，日本人と同じように英語が母国語ではなく，必要に応じて英語をビジネスに使用しているためです。国際取引における交渉では，ビジネス上の議題が何かを事前に整理した上で，自社の立場を説明し，相手側の状況を理解できるレベルであれば，とりあえずは十分でしょう。とは言っても，実は英語以外の問題で，難しい部分があるのです。

ビジネスに携わる人たちは，義務教育や高校，大学等を通じて英語に関するトレーニングを受けてきています。特に，受験英語においては，膨大なボキャブラリーを覚えたり，ヒアリングのテストがあったりと，様々な経験をしてきています。テストでは，正解を出さなければいけませんが，交渉においては，「正解」であるべき合意すべき事項は，交渉前から十分理解しています。あとは，どうやってそこまで話を進めるか

であり，そのプロセスで使用される英語は，それほど難易度の高いものではありません。十分に交渉の準備をしていれば，少なくとも相手が何を言わんとしているのかは，理解できるでしょう。

　また，こちらの要求や意見を述べる場合も，交渉のシナリオを作る段階で，大体どのような話の流れで行くかは理解できているので，それに沿った英語のフレーズを事前に考えておくことはできるでしょう。

　ビジネスにおける英語での会話に苦手意識を持たれる方は，おそらく，相手の話していることを一言一句，正確に聞き取り，理解しようとしているのではないでしょうか？　果たして，そうした聞き取り能力を伸ばすことが，英語でビジネスの交渉を行う上で必要なのでしょうか。

　私が考える答えは，そうした能力があるに越したことはないが，むしろ，相手の話の全体を通して，何が言いたいかを推測し，それを自分の言葉で確認するという意識を強く持つことが重要だということです。大体，日本語での会話でも一言一句を聞き漏らさずに会話をする機会はあまりありません。話の全体を通して，あるいは，相手の表情や身振り手振り，声のトーン等，あらゆる情報を一つのものとして受け入れ，判断しているのではないでしょうか？

　英語でのコミュニケーションも同様です。全体を見て，状況把握に努め，分からないことがあれば，都度，確認を繰り返していれば，段々と慣れてくるものです。しかし，「慣れ」を待っているだけでは心許ないので，英語でのコミュニケーションや交渉を行う上で，役に立つトレーニング方法をご紹介しましょう。これは，私も実際にやっており，格段にコミュニケーションが上手になるわけではありませんが，コミュニケーションの中で，自分が今どこにいるのか見失わないようにはなります。

トレーニング 1　日本語，英語に限らず，メモを取るときは，できるだけ一言一句を追わず，自分なりに重要だと考える点に絞って書き留める。

　これは，コミュニケーションの中で，何が大切かを話しながら把握するための技法です。「自分なりに重要だと考える点」とは，ビジネスにおける交渉内容に照らして，という観点からです。なお，できるだけ英語でメモを取るようにしましょう。単語の羅列でもよいし，文章として不完全でも構いません。あるいは，相手の話したちょっとしたフレーズでもよいのです。

トレーニング 2　今，自分の置かれている状況を，自分が知っている単語やフレーズだけを使って，どう表現するか，というイメージトレーニングを頭のなかで行う。

　これはやってみると結構難しいです。ビジネスの場に限らず，生活のあらゆる場面で，ちょっと時間がある時に考えてみましょう。日本語だと，「のような」とか「等」といった言葉で，曖昧に表現しているものを，日本人以外に英語で説明するとしたらどうする，という仮想の場面を設定して考えてみるのです。もし，周りに人がいなければ，小さく声に出してみるのもよいでしょう。

　英語は，言語の構造上，主語を明確にするため，きちんと文章を組み立てる必要があります。頭のなかで，英語の文章を組み立てるということは，日本語の段階で，論理的なかたちに構成し直すことが必要になります。小説や詩歌を，日本人以外にも十分にわかるような英語に直すことは，かなりの文学的な才能やスキルが必要ですが，ご安心ください。

ビジネスの現場における交渉では、そこまで求められていません。どうすれば、相手が理解しやすいようにわかりやすく伝えられるかを常に考える点が、このトレーニングのポイントになります。

気の利いた英語のフレーズや表現を集めて、使ってみる。

新聞やテレビ、映画で「なるほど」とか「そういう言い方もあるのか」と感心した表現やフレーズをメモして、何かの時に使ってみましょう。私は、現在所属する部門の同僚や上司、マネジメントクラスに、日本人がほとんどいないので、彼らの使う表現なかで、「いいな」と思うものを、できるだけ取り入れて使うようにしています。グローバル企業で働いているNon-Japaneseの同僚たちは、複数の国のオペレーションを常に想定してコミュニケーションを取っているので、（人にもよりますが）できるだけわかりやすくシンプルな表現を使おうとしています。また、最も学ぶべき美点は、できるだけ肯定的な表現を使うことです。私たちは、ややもすると物事の否定的な面を捉えたがり、それをリスクとみて回避しようとしたり、正確さを期そうと思うあまり、否定と肯定を織り交ぜるような曖昧な物言いをしがちです。英語でもそうした方法のコミュニケーションが全くない訳ではありませんが、日々、刻一刻と変化していくビジネスの現場では、短くて、わかりやすく、かつポジティブなコミュニケーションの取り方が好まれる傾向があります。

(2) 契約書を日本語に訳す意味

国際取引契約の交渉を行う場合、すべてのテキストを日本語に訳す

ケースがしばしば，あります。ある会社では，英文契約は不得手なので，契約書はすべて日本語に訳し，日本語訳をベースに条件交渉をしたいと言われたり，別の会社では，社内ルールで，英文契約書を締結する際，社内決裁を得るためには，日本語訳をつけなければならない，と言われたこともありました。

　そこで，翻訳とオリジナルのテキストとの間に齟齬（意味の違い）が出てきた場合には，オリジナルの言語が優先する，という規定を盛り込むようにしています。

　あくまでも，参照のために翻訳をつけるのであればともかく，英語が契約上の言語として規定されている以上，日本語訳の完成度にこだわることには，あまり意味がありません。むしろ，完全訳ではなく，理解を助けるための要約（サマリー）で十分です。私は，仕事柄，英文契約の翻訳を依頼されることがありますが，その前に，まず，どこが分かりにくいのかを尋ねます。理解が難しいところに絞って，できるだけ口頭で説明するようにしています（そのおかげで，契約書の冒頭から最後まで，すべて口頭で説明したこともありました）。「この契約書だけはどうしても」，と頼まれるなど，やむを得ない場合は，日本語のサマリーをつけるようにしていますが，いずれにしても，時間がかかります。

　また，翻訳業者に翻訳を依頼することもありますが，ある程度の形はできるものの，やはり，内容の確認は必要であるし，その確認にも結構時間がかかりますし，ビジネスの内容の理解があまりない，あるいは日本法以外の法的な概念に慣れていない（これらは無理もありませんが）ことから，却って意味の取りにくい翻訳になってしまうケースがあります。カタログや商品説明書の翻訳のようには，なかなかいかないのが実際のところです。

　また，相手側で，テキストをすべて日本語訳に直したので，この内容が正しいかどうか確認してほしい，という依頼もあります。そうした依

頼に応じる時間的な余裕やリソースがあればよいのですが，そうもいきません。丁重にお断りすることにしたいのですが，お互いの状況から，見ざるを得ない場合には，「確認」の内容は，翻訳の正確性ではなく，ストーリーとして大幅にズレていないかどうかであり，かつ，あくまでも契約上の言語は英語であることを明確にして，コメントするようにしています。そして，あくまでも英語が内容として優先することについて念を押すようにしています。

(3) 国際取引に関する契約はすべて英語で作成すべきか

国際取引においては，日本国内の会社と，日本企業の海外子会社との契約で，双方，当事者が日本人しかおらず，日本語で契約書を作成する場合が稀にあります。しかし，準拠法や紛争解決の方法によっては，先々のことを考え，国際取引においては，契約書は英語で作成，締結したほうがよい，というのが，一般的な実務のあり方ではないかと思います。

(4) 国際取引契約における交渉のポイント

国際取引における交渉の基本的なところは，国内における交渉と変わりありません。しかし，まったく異なる法制度，商習慣，文化の中でビジネスを行っている相手との交渉は，同じ日本人同士の「おそらく，お互いこのように考えているのであろう」という日本的な常識や，いわゆる「あ・うんの呼吸」というものは，あまり通用しない，と考えていたほうがよいでしょう。国際取引契約における交渉の特徴的なポイントをいくつか紹介します。

① 通訳の起用

国際取引における交渉は，相手側が日本人でない場合，通常は英語で

行われます。言語が英語であることを除けば，交渉における基本的なポイントや留意事項は，これまで述べてきたとおりです。しかし，英語でのコミュニケーションに自信がない場合には，通訳を介して交渉することもあり得ます。

　通訳を起用する場合には，国際取引に関する交渉の通訳の経験があるかどうかが重要な決め手です。また，取引上の機密情報を扱う可能性もあるため，通訳あるいは通訳を派遣する会社との間で，事前に秘密保持契約を締結しておくのがよいでしょう。

　さて，取引における交渉の通訳経験があるとは言っても，自社のビジネスに担当する通訳が詳しいとは限りません。したがって，事前に必要な情報をある程度インプットしておくのがよいでしょう。特に，取引上よく使われる専門用語があれば前もって伝えておくと，いちいち通訳のために，日本語の解説を付け加える必要がなくなります。

　通訳は，あくまでも通訳業務というサービスを提供しているのであり，アドバイザーではありません。また，通訳以外に，交渉内容に立ち入る権限は与えていません。したがって，やり取りの中で，相手の発言内容と日本語に訳された内容のボリュームに開きがある場合には，どのように通訳しているのか，念のため確認しておいたほうがよいでしょう。

　また，現地で通訳を雇う場合に，相手側との関係は念のため確認しておきましょう。通訳が，実は相手側が企業の身内であった，というような事態がないようにするためです。

② 　ロジカルシンキング

　国際取引における交渉では，何が自社にとって譲れない点であり，また，自分たちの主張しているポイントが，いかに相手側にとって，利益のある内容かを分かりやすく説明することが重要です。国際取引における交渉では，どちらかというと，これまでの取引関係をもとに情に訴え

るようなアプローチよりは，理詰めで進めるほうが，合意に至る可能性が高いように思います。したがって，相手側がからの「なぜ」という質問に対して，丁寧に答えていくことが必要です。いわゆる論理的なコミュニケーションを，より一層心掛ける必要があります。論理的とは，誰に聞いても，それはあなたの言うとおりですね，と理解してもらえる内容になっている，ということです。そのためには，できるだけ曖昧さを排除すること必要です。かなりの緊張を強いられる場合もありますが，早期の合意形成のためには，乗り越えなければいけない点です。

　最近は，「ロジカルシンキング」「論理的なコミュニケーション」という言葉が，就職活動の場面でもよく聞かれますが，「誰にでも分かるように明確にコミュニケーションをし，相手の合意を得る」という行為は，実は，決してたやすいものではありません。交渉するのに必要な知識，情報を整理し，それを活用して，シナリオを策定し，臨機応変に対応できるためには，やはり場数を踏むことが必要です。交渉やディベートに関するセミナーに出たり，トレーニングを受けたり，あるいはMBA等でそうしたコースを取り，何をすればよいか十分に理解しているつもりでも，相手の気持ちの揺れを見ながら，柔軟に対応していくには，失敗を含む経験が必要なのです。

③　ベストの条件からスタート

　交渉を早期に終わらせたい，と思うあまり，相手側にある程度，譲歩した条件から，交渉を開始したくなりがちです。しかし，相手側は，こちらがわざわざ譲歩したとは理解せず，仮にその事実を伝えたとしても，譲歩したことに感謝するわけでもなく，譲歩できるということが，そこがベストの条件である，と理解されてしまいます。非現実的な条件は無意味ですが，なぜこの条件とする必要があるのか，論理的な説明ができるように準備をしておきましょう。

また，交渉途中において，譲歩した条件があったとしても，やはり全体のバランスを考え，元に戻したほうがよいと判断されるのであれば，遠慮せず，条件をもとに戻す交渉をしましょう。なぜならば，最終的に契約として合意されなければ，法的な拘束力はないからです。ただし，もとに戻すには，それなりの理由があり，相手側に理解できるよう説明する必要があります。

④　弁護士の同席
　相手側が弁護士を同席させる場合には，必ずこちらも同席させましょう。現地法に関わる問題になった際，双方の弁護士同士で確認させることができるからです。もし，こちら側で弁護士を同席させていないと，相手側弁護士に一方的に話をされてしまい，その内容の妥当性や対応策が，直ちに見出せない可能性があるからです。
　費用対効果も考え，交渉すべてに同席するのがよいか，それとも，ある特定のパートだけにするのかを，あらかじめ相手側と合意しておくとよいでしょう。通常，弁護士が同席しての効果が期待される場面は，コマーシャルな条件交渉ではなく，もっぱら合意された条件を，どのように契約書のかたちで反映させていくかという場面でしょう。そうだとすると，必ずしも全日程を同席してもらわなくてもよいかもしれません。弁護士費用の節減にもつながります。
　弁護士に同席を依頼する場合には，事前に十分な情報を与え，どのような合意に持ち込みたいかを伝えておきましょう。なお，弁護士費用も確認しておいたほうがよいでしょう。交渉に同席した時間だけでなく，交渉場所までの往復の時間もチャージされる可能性があります。

⑤　Deal Break Point
　交渉を行っていると，どうしてもお互いに譲り合えない部分が出てき

ます。双方ともに言い分があり，簡単には譲り合えそうにない点がいくつか出てきます。その場のやり取りだけでは前に進まないこともあります。そのポイントだけに時間を費やすことは非効率なので，折り合いがつかない部分は，そのままにして，他の部分についての交渉を進め，未解決のポイントは，後で戻るようにしましょう。その際，新たなロジックや材料がなければ，相手側も歩み寄ることはないでしょうから，時間をおいてあらためて交渉するスタイルがよいでしょう。一晩，お互いに冷静に考えてみると，妥協点が見つかる可能性があります。また，交渉を離れて，チームのみで打合せを行うことで，再度，シナリオを見返し，新たに伝えるべきポイントを整理することは，交渉を継続していく上で重要です。

　大切なことは，何が相手側にとって，この取引成立のための交渉を断念しなければならないポイントなのかを早い段階で見極めることです。いわゆる"Deal Break Point"は何かを特定し，なぜ，この条件が達成されないと，この取引を断念する判断となるかについてです。理想を言えば，交渉開始前に何が"Deal Break Point"であるかを，ある程度推測できているのが望ましいでしょう。

　同じように，こちら側にも受け入れてもらわなければ，取引を進められない事項が何かを，交渉前に整理しておき，その点を相手側より主張し続けられた場合は，いったん交渉を中断する権限を，社内から事前に得ておく必要があるでしょう。相手側に受諾してもらうことが必須の条件が通らない場合，こちら側が大きなリスクを負う不利益を被る可能性があるからです。たとえば，企業買収案件において，一方当事者は他方当事者を完全子会社化することを望んでおり，他方当事者は対等での合併を望んでいる場合などです。どちらも，言い分があるでしょうが，完全子会社化か対応合併が，お互いにとって譲れない条件であれば，それが"Deal Break Poin"になります。"Deal Break Point"に関わる意思

決定は，経営判断に属するものである場合が多いので，性急に判断せず，いったん「物別れ」の状態で，双方持ち帰って検討するしかありません。

他の契約で誓約させられている事項に抵触するような場合がよくあり，当該他の契約の違反状態を招いてまでも，こちらの交渉内容を優先させるかどうか，という判断はあまりしないように思います。

⑥　礼儀正しく，強気で

国際取引における交渉では，相手側は当然のように権利を主張してきます。こちら側も，安易に妥協する必要はありません。主張すべき点を明確に主張しないと，相手側が，こちらの事情や気持ちを忖度して，妥協することは期待できません。こちら側の主張が，相手側にとって取引の成立を断念せざるを得ない内容でない限り，対等な条件であれば，合意する余地十分にあると考えてよいでしょう。

⑦　度胸と愛嬌で

国際取引における交渉に限りませんが，交渉にあたっては，できるだけリラックスして，自分の伝えたいことをはっきりと伝える度胸とちょっとした愛嬌があれば，たいていの場面は乗り切れる，と前向きに考えましょう。また，一生懸命コミュニケーションを取ろうとすることで，こちらが誠実に交渉に向き合っているという姿勢を理解してもらいやすくなります。

第9章 不祥事対応における交渉（コミュニケーション）

　「不祥事」は，会社としての法令違反行為，また社員の非行行為といった事態が典型的です。しかし，最近では，原料，資材等の供給や製品の製造を請け負っているサプライヤーや，様々なサービスを提供しているサービスプロバイダーが問題を起こしたことにより，会社が法律上，あるいは社会的な責任を問われるような事態も含めて，「不祥事」とされるケースが多く見られます。

　不祥事を放置しておくことは，法令上の問題だけでなく，企業のビジネスにおける社会的信用の喪失や，社員のモチベーションを下げる等，企業やブランドの存続に影響を及ぼしかねない事態を引き起こす可能性があります。したがって，直ちに調査を行い，調査結果に基づいて，適正かつ合理的な措置を講じて，信頼回復を図る必要があります。

　不祥事対応については，様々な論点があるのですが，ここでは，不祥事調査に関して，「交渉」という観点から，どのようにコミュニケーションを取ればよいのかについて，述べてみたいと思います。なお，調査に際しては，いわゆる社外メンバーによる第三者委員会に依頼するのではなく，社内のリソースのみで調査する場合に限っての話であることをご了解下さい。

1 ｜ 不祥事における調査

　不祥事あるいは，不祥事の可能性のある事態が発生した場合，速やかに調査を行い，事実を確定し，必要なアクション（懲戒処分を含む）を

取る必要があります。

　調査の方法としては，不祥事の存在，原因を示すような客観的な証拠（エビデンス）の収集，保全，整理と，不祥事に関わったと考えられる者，つまり社員（派遣社員，嘱託等も含みます），取引先（サプライヤーやサービスプロバイダー）に対する聞き取り（ヒアリング）です。特に，不祥事に関わる行為を実際に行った者（以下，「被疑者」と呼ぶことにします）とその者を管理監督する立場にある者への聞き取りは，重要です。また，セクシャルハラスメントやパワーハラスメントのようなケースでは，ハラスメントの対象となった者（以下，「被害者」と呼ぶことにします）への聞き取りも細心の注意が必要です。さらに，不祥事や不祥事であることが懸念される事実について，ホットライン等を通じて，通報や相談をしてきた者（以下，「通報者」と呼ぶことにします）への対応如何によって，その後の不祥事調査が効率よく進められるかどうかが決まります。また，通報内容によっては，被疑者あるいは被害者だけでなく，社外，社内を問わず，不祥事に関する情報を持っていそうな者（以下，「情報提供者」と呼ぶことにします）へのコンタクトも必要になることが多いです。

　不祥事調査を社内リソースや外部の調査会社に依頼して行う場合，警察や検察と違って，強制捜査ができません。被疑者，被害者，通報者および情報提供者（以下，総称して「関係者」と呼ぶことにします）の私物を押収したり，住居に立ち入ったりして，証拠を確保する，という方法は取れません。そのため，調査は，あくまでも関係者の協力に基づいて行われることが必要です。いかにして，適切に「関係者協力を得る」かが，交渉につながってくるのです。

2 関係者への聞き取り

　不祥事または不祥事が懸念される事態が発覚するのは，通報者からの

通報，相談がきっかけが多いです。そこで，まず通報者への対応のポイント，続いて，被害者および被疑者への聞き取りに関する注意事項を説明します。

(1) 聞き取りにおける基本的な留意事項

　関係者への聞き取りは，あくまでも事実を確認するためであり，聞き取りの場で関係者を責めるようなことをしては，萎縮してしまい，あるいは頑なになり，事実確認ができなくなってしまいます。また，恫喝をしたり，協力しない場合には不利益な処遇をすることをちらつかせて，情報を引き出すようなやり方も，後日「無理矢理言わされた」「発言を強要された」というクレームにつながり，聞き取り内容の証拠価値がなくなってしまいます。

　まずは，事実確認のための調査に協力してくれることに感謝の意を表明しましょう。その上で，次の点を明確にします。

- ◆あくまでも事実確認のための聞き取りであり，正直に話をしてもらいたい。
- ◆関係者が理解，記憶している範囲で話してもらいたい。無理に記憶を再構成して話しをする必要はない。
- ◆聞き取り内容については，調査報告をまとめるために必要な範囲で記録させてもらう。記録内容は，調査委員会のメンバーにしか共有されず，調査目的のみで使用する。
- ◆この聞き取り調査を実施していること，聞き取り内容については，調査委員会のメンバーのみしか共有されておらず，秘密は保持するので安心して話してもらいたい。
- ◆聞き取り調査を受けたこと，また，どのような話をしたかは，誰にも（たとえ上司から頼まれても）言わないように。まだ，調査中の案件であり，不確かな情報が流れると調査そのものがうまく

> いかなくなり，また，全く無関係の人に迷惑がかかることがありうる。
>
> ◆ 万が一，意図的に虚偽の内容あるいは事実を隠蔽し，調査を攪乱したり，事実確認支障を来すような行為をした場合，会社にとり重大な不利益やダメージを被ることもあり，就業規則上の問題となる可能性がある。

以上の点を，柔らかく，丁寧に説明し，関係者が理解したかどうかを口頭でよいので確認します。また，関係者に疑問点があれば，何でも質問してもらって構わない旨を伝えましょう。

聞き取りは，二人体制で行うのがよいでしょう。一人は，聞き取りした内容を記録することに注力します。聞き取りの冒頭に，事実確認のために，調査委員会から指名を受けたこと，二人のうち，一人は，いわゆる書記役（Note taker）であること説明しましょう。なお，二人の役割として，メインスピーカーと書記役をどちらがやるかは，事前に決めておきますが，実際の聞き取りの場では，その役割が交互に替わる場合もあります。

聞き取りの時間ですが，最大でも1時間と設定しましょう。できれば30分以内が望ましいです。なぜならば，社内の関係者からの聞き取り段階では，まだ不祥事の存在が知られていない段階の場合も多く，長時間に渡って拘束することは，関係者の上司や同僚，部下達から何かあったと不審がられる可能性があるからです。また，時間帯についても最大限配慮しましょう。とは言っても，重要な聞き取りであることを，あらかじめ伝え，できるだけ聞き取りのためのミーティングの設定を優先してもらうよう，丁寧に依頼しましょう。

また，社内で聞き取りをしていると，通報の事実や，調査が行われていることが，関係者やその他の者に分かってしまうようなケースであれ

ば，社外の会議室を手配するといったことも必要になります。

(2) 通報者への対応

　通報者が匿名でない場合，まずは，通報してくれたことに感謝の気持ちを表しましょう。そして，前述の基本的な留意事項に沿って，状況の説明をします。特に，通報者には，通報したこと自体（たとえ，通報内容が誤解であったとしても）を咎めたり，不利益に扱ったりしないこと，秘密は保持することを明確に伝えましょう。

　通報者には，最初に自由に話してもらいます。最初は，筋道が立っていなかったり，時系列を混同していることもありますが，あまり遮らず，まずは聞くことに徹しましょう。その後，聞いた話をするために時系列に従って，事実を確認します。その際，事実を示すエビデンスとなるもの（電子メールのやり取り，その他の文書，あるいは不祥事に関わりがありそうな者の氏名，または不祥事の存在を知っている可能性がある者の氏名等）があれば，できるだけ提供してもらうように依頼しましょう。

　通報者は，自分が通報したということを，誰にも知られたくないのが通常です。したがって，その後，調査の方法やプロセスにおいて，通報したことが関係者に知られないよう配慮する必要があります。聞き取り時に，そうした配慮がどのレベルまで必要か確認しておくことは，その後の協力を得やすくなります。特に，通報者＝被害者の場合は，通報したことを知られたくないだけでなく，通報したことで何か仕返しをされるのではないか，ということを恐れている場合があります。決して，仕返しはさせないこと，通報者の氏名が，調査の過程で判明するようなことがないよう，最大限の配慮をする姿勢を常に見せながら聞き取りを行いましょう。

　また，聞き取りは，あくまでも事実確認のために行うものであり，通報内容をもって直ちに何か評価できるわけではありません。通報者が，

通報内容についてのコメントや評価について尋ねてきた場合（たとえば，これは懲戒処分になるのか，なるとしたら，どの位の重い処分になるのか等），最終的な評価，処分はすべての調査が完了し，調査委員会で検討してからになるため，この時点では何も確たることは言えないことを，明確に伝えましょう。ただし，通報してくれたことへの感謝，特に通報者が被害者の場合には，被害を被ったことに対するいたわりの言葉をかけるといった配慮は十分にしましょう。

さらに，調査が終了し，調査委員会で会社の取るべきアクションが決定した場合に，通報者に対しては，できる限りフィードバックをすること約束しましょう。せっかく勇気を出して通報してもらった者に，適切なフィードバックがなされないと，果たして，会社は不祥事や問題にきちんと向き合っているのか，という不信の念を生じさせてしまいます。懲戒処分の具体的な内容や，調査にあたり誰から何を聞き取りしたのか，あるいは会社の機密事項に関わりかねない事項はフィードバックの対象には原則としてなり得ないことを，明確に説明しておきましょう。

通報者が社内ではなく，社外（取引先，サプライヤー，サービスプロバイダー等）の場合にも留意事項は社内の場合と同じです。ただし，社外の通報者が自分の上司に，通報した事実や内容を秘匿し続けることは難しいと考えておいたほうがよいでしょう。また，通報された内容にもよりますが，調査内容や処分や措置について，通報者の所属する会社の然るべき責任者に対して，いずれかの時点で報告しなければならないケースもあります。その場合，通報者が通報者の所属する会社において，通報した事実のみを持って不利益を受けないよう，通報者の所属する会社に最大限の配慮を求めることが必要です。

(3) 情報提供者への対応

社内においては，通報者の場合と同じ点に留意しましょう。特に，秘

密保持は大切です。また，あくまでも事実確認なので，不祥事やその可能性の存在を示さずに聞き取りをすることもあります。したがって，案件にもよりますが，フィードバックまではしない，という対応が一般的です。

　社外の情報提供者に対しては，直接，情報提供者にコンタクトするよりも，情報提供者が所属する会社のコンプライアンスに関わる責任者に，まずは連絡を取り，事情を説明して当該所属会社のなかで必要事項を調査してもらい，その結果を教えてもらう方法を，最初に検討しましょう。直接，情報提供者にコンタクトすることが，かえって迷惑になることもあるからです。また，所属会社の許可なしには，なかなか話もしにくいものです。社外に対して情報提供を求めることが，調査上，必須の事項なのであれば，その旨を所属会社に伝え，協力をしてもらえるよう，依頼しましょう。

　あるいは，不祥事に関する調査をしていることが，情報提供者またはその所属会社にハッキリと分かってしまうと，証拠隠滅や社内の関係者と口裏を合わせる可能性も否定しきれませんので，どのようにコンタクトするかは，慎重に検討したほうがよいでしょう。

(4)　被害者への対応

　ハラスメントの被害者からの聞き取りは，できるだけ早いタイミングで行うべきです。会社として問題を認識しており，素早いアクションを取っていることを理解してもらうことが，安心感につながります。

　往々にして，ハラスメントなのか，指導やコミュニケーションの一環なのか，単に人間関係の問題なのか，被害者からの説明だけでは，判別し難い場合があります。被害者に対しては，辛いことかもしれませんが，時系列を追って，具体的に何が起こったのか，また，その自体をその場で見ていた人が他に誰かいたか等を確認するようにしましょう。

なお,「被害者」だと思っていたが,実際に聞き取りをしてみると,本人に「被害者」意識が希薄な場合があります。しかし,受けた側の問題意識は軽くても,被疑者の言動に問題があれば,アクションを取ること検討しなければなりません。したがって,事実として,何が起こったのかを正確に聞き取るようにしましょう。

(5) 被疑者への対応

法令違反,社内ルール違反の可能性がある「被疑者」に対しては,聞き取りを行う前に,客観的な証拠,証言等のエビデンスがないかどうかの調査を進めます。本人が違反行為をしたことが事実であることが明らかなエビデンスがあれば,聞き取り時点で,本人にそのような事実がなかったどうかの確認をしていくことになります。

ただし,繰り返すようですが,「犯罪者」扱いするような態度は厳禁です。

聞き取りを開始する時点で,本題にいきなり入るのではなく,ある件を調査しているのだが,今日呼ばれたことについて,何か心当たりはあるか,という問いから始めるのがよいでしょう。

あくまでも,問題行動があったのかなかったのか,その行動が問題であることを意識していたか,または,していなかったか,あるいは,問題行動は,何の目的で行ったのか,それとも,誰かから指示されてやむなく行なったのか等の背景を確認しましょう。被疑者本人が素直に問題行動を認め,反省している場合には,まず聞き取りに応じ,調査に協力してくれたこと,正直に自らの非を認めたこと,反省していることについて,調査を行う者として感謝の意を表しましょう。また,問題行動において,法令,社内ルールの何に抵触する可能性があるのか明確に示しましょう。そして,最終的な決定は,調査委員会でその他の調査事項とあわせて検討し,後日連絡をする旨を伝えて,ミーティングを終了しましょう。

被疑者が自ら問題行動を認めない場合には，具体的なエビデンスを示すことになります。ただし，エビデンスの全てを見せる必要はありません。エビデンス一つひとつに対して，反論や言い訳をしてくる可能性があるためです。収集したエビデンスのうち，最も特徴的なものを二つ三つ選び，提示するのがよいでしょう。その際に，それぞれのエビデンスにおいて，具体的に，法令や社内ルールの何に違反するかを明確に示す必要があります。たとえば，電子メールのやり取りのコピーを被疑者に見せて，「このコピーに記されているやり取りは，あなたが，実際にやり取りした内容ですか」と質問し，本人がやり取りに関与したことを確認したうえで，聞き取りを進めるのがよいでしょう。

　エビデンスは明らかなのに，被疑者本人が，感情的になっているせいか，自らの非を認めたがらない場合には，5分ほど休憩を入れるのがよいかもしれません。会議室に一人残し，その間，携帯電話等で，誰と相談しても構わない，と伝えてもよいでしょう。冷静になり，感情が落ち着いてくれば，その後の聞き取りもスムーズに進む可能性があります。

　最終的に，被疑者が，問題行動を認めた場合には，その事実と今後の調査に協力をすること，および万が一，被疑者の問題行動により，被疑者に損害を与えた場合には，当該損害を賠償する旨を誓約する書面に，自署捺印してもらいましょう。

(6) 録音・録画の必要性

　関係者との聞き取り内容を，録音または録画すべきかどうかは，ケースによって異なります。が，昨今では，逆に調査する側が録音されている可能性も考えるべきでしょう。つまり，万が一，録音されてもよいように，発言には十分に注意する，ということです。録音する場合には，大事なミーティングであるため録音をする，録音したデータのコピーは必要であれば渡す旨を伝えるのが，フェアな態度というものです。

第10章 弁護士との交渉

1 相手をよく知る

　交渉の様々な場面で，交渉の相手側をサポートするために弁護士が登場する場合があります。弁護士は，いわば交渉のプロであり，こちら側も弁護士を起用して弁護士間で交渉してもらうという選択肢もありますが，諸般の事情からそうもできない場合があります。少しでも交渉を円滑に進めていくために，相手側の弁護士のことを，よく理解しておくことは有益でしょう。

　相手側の弁護士のフルネームが分かれば，日本弁護士連合会のウェブサイトから検索することができます。登録番号，所属弁護士会，また会員情報として所属事務所の名前と連絡先が出てきます。特定の弁護士事務所に所属していれば，そのサイトには，より詳しい弁護士のプロフィールが掲載されている可能性があります。また，インターネットのサーチエンジンを利用して，当該弁護士の活動状況を調べることも可能です。

　一方で，弁護士法56条に基づき，「職務の内外を問わず品位を失うべき非行」があったときは「懲戒を受ける」となっているので，当該弁護士が懲戒を受けたかどうかは，交渉する側としては気になるところではあります。残念ながら，日本弁護士連合会のウェブサイトでも，どの弁護士がどのような懲戒を受けたかのデータベースはありません。非営利団体が運営しているデータベースのウェブサイトがあるのですが，公式

ではないので，情報が正確かどうか，タイムリーに更新されているかどうかは分かりません（参考にはなりますが）。

また，知己のある弁護士に，当該弁護士の風評を聞いてみることも有益でしょう。弁護士業界では，「有名人」かもしれませんし，様々な情報に触れられるかもしれません。

相手側の弁護士の情報を入手することは，クライアントである相手側に，どのようなアドバイスをするかを，ある程度予測できる可能性を生じさせます。また，相手側の弁護士のバックグランド情報をもとに，交渉の冒頭，挨拶がてら，その情報に関連した話題を，挨拶のときにでも，さらりと触れることもできます。共通の知人がいたりすると，距離が縮まるような感じがして，交渉もあからさまな対決ムードにならないかもしれません。

また，もし優秀な弁護士であれば，現在の交渉案件が終了したら，今度は自社でその弁護士を起用することも考えられます。優秀な弁護士かどうかは，「敵」であればこそ，よく分かることも，あるのではないでしょうか？

2 顧問契約についての交渉

弁護士あるいは弁護士事務所と顧問契約を締結することで，月々定額で一定のサービスを受けられる，顧問事務所が自社を訴えようとしている第三者の代理人にならない，といったメリットがあります。もちろん，複雑な案件や訴訟になれば，定額では収まらないので，別途費用請求される場合があります。

顧問契約は，かつては顧問料を支払うことで成立し，特に詳しい条件を規定した顧問契約書を締結することは稀だったように思います。最近では，顧問料の範囲で受けられるサービス内容を規定した顧問契約書を

作成することが一般的になってきたと感じます。サービスとその対価が，契約書のかたちで確認されることは，弁護士・クライアント企業双方にとってメリットがあるでしょう。

顧問契約の内容ですが，定額のサービスだけでなく，以下のような項目も盛り込んでもらうよう話してみては，どうでしょう？

- ☑ 期間
- ☑ 顧問料の範囲を超えたサービスの料金体系（タイムチャージ制か案件毎に個別に設定するのか等）
- ☑ 事務所単位で契約する場合，どの弁護士がクライアント担当窓口となるか

特に，タイムチャージの場合には，クラインアントということで，優遇レートのような「特典」がないかどうか，思い切って聞いてみるのもよいでしょう。

一方で，長年顧問としてお願いしてきた弁護士や弁護士事務所との顧問契約を終了しなければならないこともあります。特定の顧問弁護士との契約のみ終了させる場合には，コストの問題，依頼する案件が減少していること等，具体的な理由をあげて説明し，理解を求めることになります。

もし，会社で複数の顧問弁護士・事務所があり，そのすべてを終了させるのであれば，固定額よりも案件ごとに弁護士費用を支払うかたちにすべてを変更したい，と説明をすることになります。その際，タイムチャージで請求される事務所と，案件ごとに費用を弁護士と相談しながら決める事務所が出てくるでしょう。どちらかに寄せるのも，一つの方法ではあります。しかし，これまで長い間，顧問をして頂いたところは，会社の事情やビジネスの内容をよく理解しており，また，最近の大手の総合法律事務所よりは弁護士費用が比較的安いところが多く，顧問契約

を終了したからといって，今後一切仕事を依頼しない，ということではなく，リソースの一つとして考えることはできます。たとえば，案件ごと，あるいは依頼する業務の種類によって新たな契約を個別に締結するのでもよいでしょう。

　たとえば，ある一定金額以下の典型的な取引に関する契約書の作成，検討は，タイムチャージではなく，1件当たりの費用単価を設定して，一次的なコメントやドラフト作成をアウトソーシングする，といった形態も考えられます。いつも，大手の法律事務所は，丁寧に時間をかけて作業し，またタイムチャージで時間あたりの単価も比較的高いので，典型的な契約関連業務をアウトソーシングするには，少々割高ではないかと思います（その分，高いクオリティが期待でき，急な期日に間に合わせる，という緊急要請にも応じてもらえます）。用途や必要性によって，起用する弁護士・弁護士事務所がバラエティに富んでおり，依頼する業務の形態に応じて，費用体系が様々なタイプを使い分けていく，というやり方は，今後増えていくべきではないのかと考えます。

3 起用時における弁護士（事務所）との交渉

　クライアントにとっては，ある案件をどの弁護士（事務所）に依頼すべきかは，いつも悩ましい点です。案件の規模，複雑さ，特殊性，期間の制限等から，弁護士（事務所）に求められるものは，一定ではなく様々です。また，大手の事務所や有能な弁護士ほど，相手方にすでに起用されている，顧問関係にある等，利益相反の問題があり，起用できないこともあります。また，依頼しようと思っていた事務所のリソースが他のクライアントへの対応で不十分で，依頼が難しい場合もあります。クライアントにとって，いずれの弁護士（事務所）を起用するかは，実は，大変に難しい問題なのです。

(1) 案件依頼時のブリーフィング（説明）

弁護士に案件を依頼する場合，定型業務のアウトソーシングのような場合を除き，丸投げは絶対にしてはいけません。案件の概要，取引の目的，依頼事項，業務完成の締切の期日，弁護士費用の予算を明確に伝えるべきです。案件の概要や必要な情報は，何度も説明しなくてもよいように，事実関係を完結にまとめたもの（いわゆるファクトシート：Fact Sheet）を作成して共有しておくとよいでしょう。

弁護士費用については，予算を伝えるという方法と見積りを依頼する方法があります。見積りについては，事務所の性格にもよりますが，低めに出すところと，いくつかの予想外の事態を想定して高めに出すところがあります。私のこれまでの経験上，あるプロジェクト案件を依頼した場合にかかる弁護士費用の総額というのは，それほど変わらないという感触です。ビジネスである以上，弁護士費用を予算化することは必要ですが，それよりも，弁護士事務所に依頼する事項について，クライアントとして，どこまで最低限やってもらいたいか，という線引きをハッキリ示すことでしょう。いわゆる「やったほうがいい（Nice to Have）」ことよりも，「やってもらわなければならないこと（Must Have）」に，どの程度のリソースを，どのようなチームで対応してもらえるのか，そのための費用の見積りを出してもらうのがよいでしょう。

弁護士費用を少しでも抑えるためには，前述のファクトシートをいかに分かりやすく，簡潔にまとめるかにかかっています。また，ビジネスの状況，競合事業者の動き，マーケットに関する情報は，弁護士事務所としては入手できないわけではないですが，そこまで依頼すると，追加で費用がかかります。弁護士事務所が作業するために，必要な情報はすべてクライアントが整理して提供するとしないと，費用は膨らむばかりで，また作業の成果も満足がいかないことにもなりかねません。

なお，弁護士費用ですが，タイムチャージの場合には，必ず毎月請求

書をもらい，誰が何時間作業したかをチェックしましょう。2～3カ月分をまとめたのでは，記憶も薄れ，請求項目の妥当性の判断も難しくなります。詳細は，後述するフィー・アレンジメント（167頁）を参照して下さい。

(2) 複数の事務所に同時にブリーフィング

　大型プロジェクト案件では，どの弁護士事務所を起用するか決めかねる場合があります。そうした場合に，複数の弁護士事務所に案件のブリーフィングを行い，クライアント向けに，同様プロジェクトに関する経験からの知見，組成されるチームと提供されるサービスの内容，および弁護士費用の見積りを依頼し，それらを比較検討して，起用する弁護士事務所を決定する方法があります。

　複数の事務所から，様々な説明を受けることで，クライアント自体も依頼しようとしている案件の問題点がより深く理解できたり，提案されたサービスの内容を比較することで，クライアント自身がどのような業務を依頼すべきなのかをより具体的にイメージできるというメリットがあります。

　ただし，これは，ブリーフィングした各項目に対して，どういった提案をしてきた事務所を起用するか，ある程度，明確なイメージや基準を事前に持っておかないと，見た目のよさに惑わされて，正しい選択ができない可能性があることに注意が必要です。

　私自身，こうした方法によって起用する弁護士事務所の選定を行った経験がありますが，同規模の事務所であれば，提案される内容にさほどの違いはなく，ブリーフィングに対する回答だけで，パフォーマンスの良し悪しを決定するのは，難しいと感じています。それよりも，普段から，どの弁護士事務所（または弁護士）が，どのような案件に強く，革新的な内容のサービスを提供してくれるのかについて，いろいろと情報

収集をしておくことをお勧めします。起用候補となりそうな弁護士または弁護士事務所が行うセミナーや，発刊される書籍，法律雑誌への投稿記事，あるいは，弁護士事務所が発信しているニュースレター等を丹念にみておくことで，だいぶ知見が高まります。また，ランチやディナーを一緒にすることで，弁護士や弁護士事務所の雰囲気，というものも具体的につかめるようになります。外部の弁護士や弁護士事務所とのネットワークを築くことが肝要なのです。

4 弁護士費用に関する交渉

　弁護士費用については，会社によって取扱いが様々です。法務部門にて弁護士費用の予算を支払う会社もあれば，弁護士起用をした案件が帰属する部門が支払う，という会社もあるでしょう。いずれにしても，法務部門以外の部門が，法務部門の知らぬところで，弁護士または弁護士事務所（以下，総称して「弁護士事務所」といいます）を起用し，勝手に費用を支払うような事態は避けねばなりません。会社にとって，リスクのある案件を，弁護士事務所が法務部門以外の部門のインプットのみで検討，意見および作業することは，リスクの性格や会社におけるインパクトの情報が誤って，または不正確に伝わる可能性があり，的を得たアドバイスや意味のある作業にならない可能性があるからです。

　いわゆる弁護士一人当たり1時間当たりの弁護士費用を設定しているタイムチャージ制を導入している弁護士事務所が増えてきましたが，まだ，そうした制度を導入していない弁護士事務所もあります。その場合には，その弁護士事務所の報酬基準・テーブルを見せてもらうのがよいでしょう。

(1) 弁護士費用の見積り

　案件を依頼する最初の段階で，見積りを取るようにしましょう。見積り金額は，万が一の不測の事態を想定して，高めに設定する弁護士事務所もあれば，低めの金額で出すところもあります。見積り段階で重要なことは，金額の総額の多寡だけではなく，「何に，いくら使うのか」の項目明細です。項目の分け方，弁護士一人当たりの単価，予想処理時間等についての情報を求めると，その弁護士事務所の当該案件に対する経験値がおおよそわかります。作業項目を会社側から指定すれば，より明確な見積りが出てきますが，項目指定について確たるものがなければ，弁護士事務所に対して，何をどこまでやるかの典型的なパターンを出してもらい，それ見比べながら検討することになります。したがって，見積もりについては，書面での提出を求めるように話しましょう。

　見積りには，弁護士費用だけでなく，経費についても出してもらうのがよいでしょう。タイムチャージ制をとっている弁護士事務所であれば，依頼案件対応に関わる弁護士ごとの1時間当たりの弁護士費用（Hourly Rate：アワリー・レート）を出してもらいます。また，経費（交通費，コピー代，通信費その他）についても確認しておきましょう。特に出張がある場合の日当や旅費交通費の基準（新幹線，飛行機のシートのクラス等）も確認しておきましょう。さらに，クライアントのオフィスを訪問する場合に，その移動時間も弁護士費用の対象となるかどうかも確認しておきましょう（細かい話ですが）。

　弁護士費用については，普段から，様々な弁護士事務所とのネットワークを築き，ある案件を依頼したら，だいたいどの位の費用になるのかについての情報収集をしておくのも有効でしょう。

　見積り段階で，もし，会社の弁護士費用の予算の枠が決まっている場合には，その枠の額を伝え，その額でどこまでのサービスを提供してもらうのかを見積りの一つとして出してもらいましょう。その際，案件の

詳細は，できるだけ早く，具体的に伝える必要があります。

(2) フィー・アレンジメント（Fee Arrangement）

　フィー・アレンジメントとは，見積りを経て，依頼案件についての弁護士費用の金額，支払方法について弁護士事務所，費用負担部門との間で調整することです。たとえば，依頼案件につき全体での金額を先に合意するのか，あるいは，タイムチャージ制を取るのか，ということです。タイムチャージ制の場合，弁護士ごとのアワリー・レートのテーブルを確認しましょう。

　弁護士費用の交渉は，法務部門の仕事ですが，「お金」についての話を弁護士事務所とするのは，苦手というか，憚られるという気持ちがあり，ミーティングの場では言いにくいかもしれません（私も，どちらかというとそうです）。直接話しにくい，というのであれば，面談の場では依頼案件の詳細についてのインプットに集中し，後でメールで費用についての連絡をする，という方法もあるでしょう。ただし，あまり間をおかずに連絡することが大切です。弁護士事務所側も，クライアント（顧客）が，無限に弁護士費用を負担するとは考えているケースはほとんどありません。早い段階で，正直に「台所事情」を説明し，その範囲でどのようなサービスを受けることができるかを確認することが大切です。

　支払については，1カ月単位で費用を請求してもらうかたちがよいでしょう。その際に，どの弁護士が，どの業務を何時間行ったのかの明細もつけてもらうことで，当該月の業務量と弁護士費用の適正性が検証できます。支払を先延ばしにすると，実際にどの程度の業務をしてもらったのか，クライアント側でも記憶，感覚が薄れ，結果として「高い！」という印象しか残りません。

　明細内容についての疑問も，明細を入手次第，できるだけ早く弁護士事務所に伝えるようにしましょう。

また，費用負担部門（営業等）は，できるだけ安くしてほしい，という希望もあるでしょう。しかし，依頼当初から極端なディスカウントの申入れや，依頼案件の対応をしてもらったにもかかわらず，支払を長引かせるような態度は，弁護士事務所との信頼関係に悪影響を与えます。継続的に，案件を依頼するような弁護士事務所から，合理的な弁護士費用の請求がきた場合には，きちんと支払うよう，費用負担部門を説得することも必要です。そのためには，見積り段階で，何をどこまで依頼するのかについて，弁護士事務所，費用負担部門双方に理解の齟齬がないように調整することが必要です。

(3)　弁護士費用の減額

　弁護士事務所が，適正に業務を行っていないにもかかわらず，通常どおりの請求がきた場合には，その旨を明確に伝える必要があります。たとえば，クライアントの依頼の範囲を超えて「不必要な」作業をしたような場合です。また，単純に，二重に計上してしまったという「単純ミス」もあるので，まずは，請求書発行前のドラフトの段階で，きちんと確認することが必要です。

　弁護士事務所として，適正に業務対応を行った場合には，弁護士事務所側には，クライアントの減額要求に応じる必要は本来ありません。しかし，クライアントしては，依頼案件の結末が芳しいものではなかった，思ったより弁護士費用がかかってしまった等，様々な理由で，少しでも減額してほしい，という要望が費用負担部門から出てくることもあります。

　そうした場合，減額要求の理由が合理的なものであれば，弁護士事務所に対して，減額の「要求」ではなく，「相談」をすることは可能でしょう。「相談」は，法務部門の仕事ですが，費用負担部門からは，いくらに減額するか，また，減額の可能性の判断は，すべて法務部門に任

せてもらう必要があります。弁護士事務所としても，クライアントとの今後の取引関係を考慮し，「相談」に応じることはあります。しかし，毎回の請求のたびに，減額の相談をすることは，弁護士事務所との信頼関係を損ね，依頼した業務に対するサービスの低下を招く可能性があるので，注意が必要です。

交渉力をあげるためには

好きなことは楽しんでやる

　皆さんは，好きなことは，楽しんで夢中になってやるでしょう。そのうち，もっと上達したい，上手くなりたい，と思い，いろいろとトレーニングをしたり，どうやったら上手にできるか調べたり，自分より上手にできる人の話を聞いたりするでしょう。そうすると，レベルが次の段階にあがり，もっと面白く，楽しくなり，さらにその先のレベルにまで到達したい，と思うようになるでしょう。この好循環の波にうまく乗ることが，物事の上達への道といってもよいでしょう。交渉に限らず，仕事についても，人生についても楽しんでやることができるスキルが身につけば，たいていのことは，そこそこできるものなのです。一方で，いくら長時間かけても，嫌々やっているようであれば，疲れるだけで，何の進展もない，ということがあります。

　では交渉が楽しくなるためにはどうしたらよいのでしょうか？

　ビジネス上で形成される合意については，一方的に条件を押し付けるだけでは上手くいきません。相手側も納得し，喜んで合意できる環境を作り，お互いにとってベストな条件から，お互いにロジックを駆使してどこまで，受け入れることが，両者にとって現実的な解決策であるのか探ることが必要です。それは，とても知的な冒険であり，交渉が終了した段階で，交渉前に比べて，格段に理解が深まり，自らも成長したと実感できることにつながります。

　元来，ヒトは，スタイルやかたちはどうであれ，コミュニケーションを取りたがる性質があります。交渉も，コミュニケーションの一つであるとすれば，楽しくやったほうが，よい結果につながる可能性が高いでしょう。ぎりぎりのところで，ストレスを感じながら，毎回悲壮感を漂わせて，交渉に臨んでも，あまりよい結果が出ないように思います。

そこで，交渉を上手に進めるためには，次の四つが大切です。

> ◆誤魔化さない
> ◆相手をミスリードしない
> ◆交渉を楽しむ
> ◆相手も楽しませる

　最初の二つについては，誠実に交渉を行うということで，すでに，述べたとおりです。そこで，以下に交渉を楽しみ，かつ，相手も楽しませるための方法や準備について，説明します。

挨拶は基本
　席につくなりいきなり交渉に入られると，嫌な気持ちになりませんか？　あからさまに対決モードを煽るよりは，まずは，挨拶から入りましょう。挨拶に加えて，相手側の会社のビジネスの最近の話題やちょっといいところを取り上げたり，褒めたりすることは，場の雰囲気を和ませるだけでなく，相手側より，「ウチの会社のことをよく見ているな」と思わせることができます。

交渉相手のことを知る
　こうした情報を得るために，あまり時間を使う必要はありません。新聞やインターネット上のニュースサイトでチェックする程度で十分です。あるいは，相手方の会社のホームページを見るのもよいでしょう。その際，会社のビジョン，企業理念や行動規範に目を通しておくと，思わぬところで，交渉のネタとして使えることがあります。

権利・義務でだけ捉えない
　どうしても，ビジネスの交渉においては，契約書の一条一項，一文一語にこだわってしまうところがあります。しかし，むしろ，「こうしたことをきちん

と取り決めておかないと，心配なんですよ」といった世間話のように進めることも，相手側との関係がギスギスしたものにならず，話が進むことが期待できます。

否定的な言い方で終わらない
　交渉に限らず，否定的な発想，否定的な物言いからは，決してよいアイディアが生まれません。「しなければならない」「やむをえない」「他に選択肢がない」「これ以上は難しい」といった表現をできるだけ使わないようにしましょう。ただし，こうした否定的な表現のあとに，とても前向きな提案を出すことは，相手に効果的に伝わることがあります。

相手のアイディア出しを促す
　交渉をリードしたいために，こちらから，いろいろとアイディアを出し，相手に同意を求めるスタイルで推し進めると，時として，相手側が「いろいろ言われて，言いなりにならないといけない」を感情を持つ可能性があり，交渉の硬直化を招く恐れがあります。時には，相手側に「このままの内容では受け入れられない理由があり，その理由は当社としてはどうしても外せないところなのですが，お互い妥協点を見出すために，どういう落とし所にしたらよいですかね」と相手側にアイディアを出してもらうよう持ちかけるのです。その際，相手側の出してきたアイディアを言下に否定するようなことはしては，せっかくの雰囲気がぶち壊しです。ということは，相手側が出すであろうアイディアがだいたい予想できる範囲で，こうしたやり取りをするのが無難でしょう。

小説，映画，演劇，落語等に親しむ
　私は，本書を執筆するにあたり，いわゆる「交渉術」の本，つまり，交渉のテクニック，ロジカルシンキング，ロジカルなコミュニケーションについての書籍は一切読みませんでした（でも，我慢できずに購入したものはいくつかあ

ります）。

　むしろ，交渉は人間が行うものであり，人間の心の動き，気持ちといったものについての理解を深めるほうが交渉を楽しむことができるのではないか，と思っています。

　小説や，映画，演劇を数多く読んだり，観たりすることは，様々な人間のドラマ（稀に動物や魚を主人公にしたものもありますが）を集中して経験するようなものです。ビジネスには，人間のドラマのような面が少なからずあり，小説，映画，演劇での人々のやり取り，言葉のぶつけ合い，考えやアイディアの応酬を擬似的に体験することは，交渉のシナリオを作成したり，相手側の考えや懸念点を理解するのに，少なからず役に立つと思うのです。

　私が，いまでも交渉に際して，シナリオを作成したり，「こう言われたら，このように答えよう」といったことを考えるのが，比較的好きな理由は，高校生の頃，いきなり演劇部に入り，芝居や演出といったものが面白くなって，それに傾注していた時期があったからなのかもしれません。

　また，演劇は，単に台詞を読み上げるだけでなく，身振り手振り，表情を最大限に駆使して，観客の印象に残り，感動を与えるパフォーマンスを提供しようとしています。演劇に親しむことで，どうやったら効果的に，交渉という舞台を「演じ」られるのかを考えるヒントになるでしょう。

　落語を聞くことお薦めするのは，現在演じられているほとんどの落語の登場人物に「徹底した悪人」はいない，ということなのです。登場人物はどこかでお互いに何かの「信頼」があって，だからこそ，いろいろな「事件」や「騒動」が起きても，最後は，「落ち」がついて聞いている側は，「ああ面白かった」と思えるのです。交渉においても，噺家の間の取り方は非常に参考になりますが，それに加えて，「人間のドラマ」として，落語を観ていると，どのように相手と接していくのが，自分も周りも面白くなるのか，ということを感じることがしばしばあります。

　つまるところ，「交渉力」をあげる，ということは，世間の出来事や事象に

興味を持ち,人に対する愛情や信頼を醸成していくことに尽きるのではないか,と思っています。

交渉を快適に行うための小道具

　私が，実は文房具が好きなのですが，これまで交渉の準備や，交渉のために出張や外出等の経験から，あると便利，というものをいくつか取り上げて，リストにしてみました。リストされたものを，常にすべて持ち歩くのは大変ですが，状況に応じて何を持っていくのか，考えるのも交渉の楽しみの一つと考えてみましょう。なお，リストされた順番に特に意味はありません。

A4サイズの白紙

　交渉後に，簡単な議事録を作ったり，書類やデータの受け渡しの際に，受領証を作成したりする際に，重宝します。いったん持ち帰って，パソコン等で作成したものをやり取りするよりは，その場で処理してしまったほうがよいこともあるのです。手書きで十分です。会社の代表者印や社印がなくても大丈夫です。ただし，後々の証拠とするために，日付，作成者の氏名・署名（できれば作成場所）を必ず記載するようにしましょう。場合によっては，そのまま公証人役場に行き，確定日付を取ることもできます。

　また，簡単な報告書を書いて，FAXで送ったり，スマートフォンで写真をとってメールで送付するなど，最近のIT機器と組み合わせても十分に威力を発揮します。10枚程度をクリアフォルダに入れておくのがよいでしょう。

ノート，メモ

　交渉時にノートやメモを取ることはよくあります。また，交渉の前に，簡単なシナリオを作ったり，当事者の関係を表す図を描いたり，ちょっとした数字をメモしたり，と使い道はいろいろでしょう。どのようなノートやメモを使うかは，その人次第なのですが，私は，書きなぐれるタイプの小さめのメモと，

比較的しっかりしたノートを併用しています。メモは，それこそ片手で持って書き込める位のサイズで，思いついたことをなんでも書いて，あとで整理します。用紙に切れ込みが入っているので簡単に切り取ることができます。

ノートは，書き込む内容はさまざまですが，メモや新聞の切り抜き，書類の縮小コピーを張り付けることもあります。ノートの使い方については，いろいろなノウハウが書籍やインターネット上で出ていますので，それらを参考にして，もっとも自分にあうと思うスタイルを見つけて下さい。私は，残念ながら一つのスタイルを続けることができず，よさそうなものを見つけると，次から次へと真似していきます。ノートのサイズや種類もまちまちです。最近，ようやく2～3種類に絞られてきたようで，それらを気分によって切り替えて使っています。

また，主に米国の弁護士たちがよく使っているリーガルパッドでメモをとったり，図を描いたりするのも，なんとなくアイディアが出そうな雰囲気に浸ることができてよいでしょう。リーガルパッドは，大きめのサイズが一般的ですが，私は，自分がよく使うノート（13×21cm）にうまく挟めるサイズのものをよく利用します。用紙に色がついているので，後から，探すときに便利です。

また，A5サイズの切れ込み線の入っているメモ帳もよく使います。書いたあと切り取って，ノートに挟み込んだり，スキャナーで読み込んで，電子的に保存したりと何かと便利です。

なお，出張先でメモ用紙を忘れた場合，宿泊しているホテルの備え付けのメモ用紙やレターセットを使うこともあります。短期の出張先であれば，その分量で十分ですし，何より嵩張らないのがよいところです。

ところで，交渉でメモした内容については，私は必ず日付と案件名を記入してスキャナーで読み込み，保存しておきます。交渉のときの状況を思い出すためには，自分のメモを見返すのが一番だと思っているからです。以前は，とったメモごと捨ててしまったこともありましたが，現在では，その心配もあまりなくなりました。最近のメモ管理アプリなどには，手書きテキストの読み取り

機能がついているものがあります．したがって，キーワードに関しては，やや丁寧に，はっきりと書いておくのが，後で検索しやすくなります．

付　箋

　カラーやサイズにバリエーションがあり，ちょっとしたメモだけでなく，簡単に張り付けたり，はがしたりできるので，交渉の前のブレーンストーミングにも使えます．やらなければいけないタスクや思いついたことも付箋に書き込んで，ノートに張り付けておきます．交渉の論点を思いつくままに記入して，後でそれを並べ替えて，シナリオの組み立てをしたり，論点のなかでの優先順位を考えたりすることができます．また，移動中の新幹線のテーブルや飛行機の窓に貼り付けて，簡単なフローチャートをつくって，思考の整理をすることもできます．

サインペン，ボールペン

　気軽に，さっと書くためには，サインペンやボールペンはとても便利です．私は，大きめのメモ用紙に書くときはサインペンを使います．特に，当事者関係の図を描くようなときは便利です．また，ボールペンは，比較的長時間書き込むこともあるので，インクの出がスムーズで，持つ手が疲れにくいものを使っています．価格は，高いものはそれなりに書きやすく，また，高級感もあるので使っていて気分がいいですが，どうしても，ボールペンはなくしがちです．私は，いろいろ試して，廉価ではあるが書き味がよいものを2～3種類を気分によって使い分けています．コンビニエンスストア等で，手軽に入手できるようなものを使っています．でも，高級のブランドのボールペンも，また書き味が違い，捨てがたいものがあります．

　ボールペンについては，スムーズにインクのぼた漏れがないものが，ストレスなく書き続けられるのですが，意外にも，ホテルの部屋にアメニティとして備え置きされているボールペンが書きやすいのです．特に，海外出張先で宿泊

するホテルの部屋にあるボールペンは，たいてい渋いデザインのもので，書きやすいものが多いので，是非試されてはいかがでしょう。

万年筆

　万年筆は，長時間書いていても疲れません。また，使っているうちに，手が馴染んでくるというか，体の一部になるかのような感覚になります。昔の作家が万年筆で原稿を書いていたのも，なるほど，と思います。キーボードをいくらたたいても，なかなかアイディアが湧いてこないときは，リラックスした雰囲気で，万年筆を使って，メモ書きをしているうちに，次第に，頭のなかが整理されていくような気がします。また，書類の最後に万年筆で署名をすると，なんとなくプロフェッショナルになったような気がしてきます。

　私は，万年筆のペン先が割との細かい字が書けるタイプと太めの字がかけるタイプの両方を持っていくようにしています。前者は，もっぱら記録用ですが，後者は，図やチャート，あるいは，イラストや図を描いたりするときに使います。また，インクの色も，若干変えています。

鉛筆，鉛筆削り

　私は，いわゆるシャープペンシルは，あまり使いません。なんとなく手にもった感じが人工的な感じがするからです。万年筆やサインペン，ボールペンも十分に人工的なのですが，なぜかシャープペンシルは，より「人工的」に感じてしまうのです。その代り，鉛筆をよく使います。わりと，自由に，ラフなスケッチを描くような気持で，キーワードやアイディア，あるいは，プレゼンテーションで使うスライドのレイアウト等を，ざっくりと書いています。鉛筆は書いているうちに芯が減ってくるので鉛筆削りも必要ですが，鉛筆を削る，という数秒の作業が，よいリフレッシュになったりします。鉛筆と鉛筆削りをいつも持って歩くのは，面倒なので，もっぱら自宅やオフィスで使うようにしています。

また，色鉛筆を持っていくと，交渉時に取ったメモを後で見返すときに，色分けしてマーキングできるので，より，理解が鮮明になります。色の種類は，赤，青を含めて5色位あれば十分でしょう。もちろん，多色が使えるボールペンでもかまいませんが，何となく色鉛筆のほうが，手に伝わる感覚が心地よいような気がします。

A4サイズのクリアフォルダ

　もっぱら書類を入れるものですが，文房具を入れたり，カタログ，チラシ，カード類を入れたり，薄手の文庫本を入れたりと，用途は様々です。常に使う，というわけではないですが，必要なときにないとすごく不便に感じるものの一つです。

スマートフォン，タブレット

　従来，書類の複製は，コピーでした。ところが，スマートフォンやタブレット型の機器ができたことにより，写真に撮る，スキャンする，録音する，しかもそれらをメール等を通じて共有できるようになりました。手書きのものと組み合わせることで，威力を発揮します。最近は，記憶容量も格段に増え，大量の書類をスキャンして持ち歩くことも可能になりました。かつては，カバンのなかに書類が溢れて，持ち歩きにも苦労するときがありました。書類をストレスなく持ち運べるのは，大変助かります。

ノートパソコン

　やはり，じっくりと文章を作成したり，契約書を作成する作業は，パソコンで作業するほうがよいと感じる人は多いでしょう。やはり，打ち慣れているキーボードで，大画面で処理できるので，作業は捗ります。一方，スマートフォンやタブレットでも，最近は，携帯用のキーボードがあり，通常サイズのものと何らかわりない打ち味のものが出てきました。ノートパソコンの難点は，

重量があることです。オフィスのデスクで仕事をすることが多い人はノートパソコンでもよいでしょうが，外出や出張が多い，あるいは勤務場所が変わる人にとっては，今後は，タブレット型の端末にキーボード，という組み合わせが一般的になるかもしれません。

定　規

　手書きで作業をしているときに，どうしても，直線が必要な場合があります。手で書いてもよいのですが，ここは，後で見やすくるために，まっすぐな線が欲しいと思うときがあります。そうしたときのために，ノートに収まる範囲内の短めの定規をノートと一緒に携帯しておくとよいでしょう。線を引くだけでなく，紙を切ったり，新聞の切り抜きをしたりと，活用方法はいろいろあります。

あ と が き

　交渉は，コミュニケーションで，お互いの共通目的を達成するための合意に至るプロセスだ，と意識するようになったのは，実は，つい最近のことです。そして，交渉がうまくいかないのは，自分の理屈ばかりを並べていては駄目で，相手の心配事は何か，相手にとってどういう状態がベストだと考えているのかをできるだけ正確に理解することが第一歩であると意識し始めたのも，それほど昔の話ではありません。

　うまくいったり，いかなかったり，社内と社外で板挟みになったり，一生懸命考えたシナリオが全く使い物にならなかったり，あるいは，思わぬところに合意のきっかけがあり，お互いにそのポイントを意識したら，あっという間に合意できたり，延々とやり取りを続けて，ようやく合意できたり，合意できたと思ったら，振り出しに戻ったり，と私の交渉経験は，どちらかというと大変で，疲れることが多かったような気がします。また，契約に関わる交渉では，条文の文言の一言一句にこだわり，相手の出してきたドラフトをそのまま受け入れるなんて，仕事をしていないのと一緒だ，と思っていた時期もありました。

　しかし，どうにかこうにか交渉の結果が実を結んだときは，本当にさわやかな気持ちになることができます。一方で，本書では，盛んに「交渉は勝ち負けではない」と書いておきながら，私自身，結構「勝負」にこだわってしまったこともあります（今でもあります）。

　でも，交渉は，人間と人間の戦いでもあり，ふれあいでもあるのです。それは，苦しくも，つらくもありながら，時々，面白い気づきや発見，

学ぶところや感動するところがあるのです。

　私が，初めて海外出張で契約の交渉に臨んだときに，同行した営業課長の粘り強い交渉姿勢にほとほと感心したことがあります。相手方は，オーナー企業の社長であり，合弁会社を一緒に作るという話であったにもかかわらず，日本からきた商社マンの話など，やすやすとは受け入れない，という態度があからさまでした。私の役割は，交渉過程で示される条件内容に応じて，ドラフトの修正をその場でする，というものでした。営業課長は，毎日，訥々と何がお互いにとってメリットか，粘り強く，時には数字をあげて，説明しました。その日の交渉が終わり食事の後にも，明日，どういう話をするか作戦会議だということで，夜遅くまで二人でシミュレーションをやりました。交渉のすべてのポイントを相手側と整理して終わった際，強面のオーナー社長に，満面の笑顔で「いろいろ話ができて本当によかった。君たちに対する見方が変わった」と言われたとき，何とも言えない充実感に浸ったことを忘れません。

　早いもので，私が，企業内法務のキャリアをスタートしてから，30年目を迎えました。契約書を手書きで書いていた時代から，世の中は大きく変わりました。特に電子メールの普及は，企業内法務のみならず，すべてのビジネスの進め方に影響を与えています。そして，交渉への取り組み方においても同じではないかと思います。本書は，約30年のなかで，私が経験し，感じたことをできるだけ皆さんに伝えていきたい，という思いから執筆を始めました。執筆にあたっては，世の中に数多ある交渉のノウハウに関する書籍は読まない，ということを自らに課しました（でも，手に取りたいという衝動を押さえるのが大変でした）。

　本書は，2年のドイツ研修，4年半の英国駐在，ポスト・マージャー・インテグレーションの作業のために睡眠もままならなかった総合商社時

代，その後，転職した米系ヘルスケア・カンパニーで学んだ企業倫理，さらに現在英蘭系の消費財メーカーでまさに取り組んでいる企業理念や経営ビジョンの実現をサポートする企業内法務という仕事を通じて，出会ったすべての人々との関わりあいのなかから，学んだことがもとになっています。思えば，私は大変に幸運だったと思います。毎日が飽きずに，面白さを感じながら，今日までこれたのですから。

　当初の企画段階から相当年数がたっているにもかかわらず，見捨てずに，私の遅筆に我慢強くおつきあい頂いた中央経済社の歴代編集者の方々，および経営陣の皆さまには大変感謝しているとともに，ご迷惑をおかけしたことをお詫びしたい気持ちでいっぱいです（遅筆は，雑誌「ビジネス法務」に連載していた「闘う法務課長」のときからでした）。

　また，妻，二人の子供たち，チャーリー（ミニチュアダックス）という家族が，元気で支えてくれたことに感謝します。

　次は，何を書こうかな。

《著者紹介》

北島　敬之（きたじま　たかゆき）

1987年早稲田大学法学部卒業，日商岩井株式会社（現　双日株式会社）入社。審査部，法務部を経て，91年～93年ドイツ・ザールラント州立大学EC法研究所およびGrav von Pfeil法律事務所（デュッセルドルフ）で研修。97年～2001年日商岩井欧州会社ロンドン法務審査法務マネージャーとして，ロンドン駐在。04年双日株式会社発足，法務部部長補佐。05年ジョンソン・エンド・ジョンソン株式会社法務部，06年法務部ディレクター。06年ユニリーバ・ジャパン株式会社ジェネラルカウンセル，09年ユニリーバ・ジャパン・ホールディングス株式会社取締役，12年同社代表取締役就任。04年～14年國學院大学法学部講師（国際取引法），15年国際企業法務協会会長。

企業内法務の交渉術

2017年1月5日　第1版第1刷発行

著　者　北　島　敬　之
発行者　山　本　　　継
発行所　㈱中央経済社
発売元　㈱中央経済グループ
　　　　パブリッシング

〒101-0051　東京都千代田区神田神保町1-31-2
　　　　　　電話　03 (3293) 3371（編集代表）
　　　　　　　　　03 (3293) 3381（営業代表）
　　　　　　http://www.chuokeizai.co.jp/
印刷／三英印刷㈱
製本／㈱関川製本所

© 2017
Printed in Japan

＊頁の「欠落」や「順序違い」などがありましたらお取り替えいたしますので発売元までご送付ください。（送料小社負担）
ISBN978-4-502-21051-8　C3032

JCOPY〈出版者著作権管理機構委託出版物〉本書を無断で複写複製（コピー）することは，著作権法上の例外を除き，禁じられています。本書をコピーされる場合は事前に出版者著作権管理機構（JCOPY）の許諾を受けてください。
JCOPY〈http://www.jcopy.or.jp　eメール：info@jcopy.or.jp　電話：03-3513-6969〉

◆好評書籍のご案内◆

国際法務の技法

既存の法律書籍と一線を画す内容でセンセーションを巻き起こした『法務の技法』(2014年刊)の第2弾がついに刊行！　長年前線で活躍する著者の経験に基づく，現場で使えるノウハウや小技（こわざ）が満載。

組織力・経営力・防衛力・行動力・コミュニケーション力・英語力に分け，国際法務遂行の考え方とテクニックを余すところなく伝授。著者三名が各々の知見を縦横に語る座談会も特別収録。

A5版 240頁
ISBN 978-4-502-19251-7

芦原　一郎
名取　勝也 [著]
松下　正

本書の内容 ･･･

第1章 組織力アップ…コンプライアンス,Report(ing) Lineほか全8項目
第2章 経営力アップ…リスクへの関わり,海外の法律事務所ほか全8項目
第3章 防衛力アップ…賄賂対策,沈黙は危険なりほか全5項目
第4章 行動力アップ…根回し,外国人の説得,謝罪文ほか全6項目
第5章 コミュニケーション力アップ…雑談力,中国人との仕事ほか全8項目
第6章 英語力アップ…HearingよりもSpeaking,テンションほか全10項目
座談会■6つの視点で"技法"を使いこなし,国際法務の世界をサバイバル